『树欲静而风不止，子欲孝而亲不待。』

这是爸爸最后给我留下的一个小纸条。我傻傻的，不知道是啥意思，拿卜顺手放在家里的抽屉里。万万没想到，这就是爸爸最后的遗言。爸爸是在暗示我，他的日子不多了，可是我竟然没有理会，一想起来我就心如刀割，痛苦万分。

不安

赵光晋 著

天大地大三部曲
亲情散文集

山西出版传媒集团
北岳文艺出版社

图书在版编目（CIP）数据

不安 / 赵光晋著．--太原：北岳文艺出版社，2013.11
ISBN 978-7-5378-4067-5

Ⅰ.①不… Ⅱ.①赵… Ⅲ.①散文集—中国—当代Ⅳ.①I267

中国版本图书馆CIP数据核字（2014）第021516号

书　　名	不　安
著　　者	赵光晋
责任编辑	孙　茜
装帧设计	陈俊飞
出 版 者	山西出版传媒集团·北岳文艺出版社
地　　址	山西太原并州南路57号
经 销 者	全国新华书店
承印单位	山西臣功印刷包装有限公司
开　　本	787mm×1092mm　1/16
印　　张	27.75
字　　数	330千字
版　　次	2014年3月 第1版
印　　次	2014年3月 第1次印刷
书　　号	978-7-5378-4067-5
定　　价	55.00元

序一 那一腔浓浓的亲情

王春林

光晋是社会名人，其影响，虽然不能说已经达到了家喻户晓的地步，但能够在2008年奥运会火炬接力太原站的传递活动中，位列谭晶、李静、申纪兰、李彦宏之后，成为第五位火炬手，就足以见出她的社会影响力之广泛。赵光晋是太原很有名气的百年老字号双合成食品有限公司的老总，自1997年企业改制公司成立以来，历经了近二十年的风风雨雨，其经营规模逐渐扩大，俨然成为山西省一家具有相当实力的名牌企业。但就是这样一位在经济界叱咤风云的老总，却突然涉足文学创作，不仅要出版一本名叫《不安》的散文集，而且还找到我作序。一家企业的老总，能够写好散文吗？赵光晋此举难道是一种附庸风雅的行为吗？说实在话，我真还是抱着如此一种将信将疑的态度开始阅读这部散文集的。没想到的是，不读不知道，一读，就被作品给吸引住了，居然一鼓作气就把这部旨在书写伦理亲情的散文集读完了。尤其难得的一点是，在阅读的过程中，我还几次被打动，产生过眼角湿润的感觉。

作为一种初涉散文创作的非职业散文写作，与那些职业写作意味突出的优秀散文相比较，赵光晋《不安》中的那些散文作品，一个非常突出的特点，恐怕就是内蕴情感的异常浓烈。或许正因为她的写作不是职业写作，所以才能够以那样一腔直泄而出的浓浓亲情强烈地感染并直击读者的心灵世界。关于这部散文集的由来，赵光晋在后记中有着明确的交代：“在父母百年诞辰之日，我本想写一点小故事、小感受，以此来释放心中淤积的伤痛，以此来纪念父母亲。”“这本书的书名一直在更改，自《感谢父母》《天大地大》一直到《不安》，我更喜欢《不安》。”是的，不只是赵光晋本人喜欢《不安》这个书名，我自己也非常喜欢这个书名。某种意义上说，也只有这个书名方才能够相对准确地概括表达赵光晋一定要写出这样一本书来的根本意图。认真地读过此书，我方才搞明白赵光晋的散文写作并非是为了专门纪念父母亲诞辰百年的“急就章”式的写作。实际上，自打母亲 1997 年离开人世之后，赵光晋就逐渐地养成了随时随地给母亲写点什么的习惯。无论是开会的间隙也好，还是在机场候机的时候也罢。尤其是在 2005 年父亲也离开这个世界之后，赵光晋的散文书写，就更是成了一种仿佛如同宗教仪式般的自觉行为。

问题在于，作为一位功成名就的企业老总，为什么要如此煞费苦心地坚持进行散文写作呢？归根到底，还在于那样一种潜藏于内心深处的浓浓亲情。很多时候，越是珍贵的东西，你只有在失去了之后才可能意识到它的可贵。对于赵光晋来说，情况就是如此。只有在父母亲相继不幸辞世之后，她方才强烈感觉到了亲情在内心深处的涌动。文贵情真，读赵光晋的这些文字，我们之所以总是能够被打动被击中，很大程度上也正缘于其内蕴的一种情感冲击力。比如《走过汾河》一篇，赵光晋主要记叙自己和父亲一次跨越汾河到河西的地里捡麦粒的故事。过汾河就得过汾河大桥，当时的大桥是铁链木板桥，人走在上面摇摇晃晃战战兢兢的。结果就在拾完麦粒返回的时候，危险发生了，赵光晋脚下一滑，差点掉进汾河里。亏得爸爸眼疾手快，一把抓住了就要坠落的她，方才避免了悲剧的发生。因此，赵光晋写道：“爸爸不但生了我，还救了我，给了我两次生命，我感谢爸爸。”但是，在实际的生活中，因为工作过于繁忙，赵光晋总是会疏忽与父亲之间的亲情联系，所以，也才会有《一张小纸条》中父亲那张纸条的出现。“‘树欲静而风不止，子欲孝而亲不待。’这是爸爸最后给我留下的一个小纸条。我傻傻的，不知道是啥意思，拿上顺手放在家里的抽屉里。万万没想到，这就是爸爸最后的遗言。爸爸是在暗示我，他的日子不多了，可是我竟然没有理会，一想起来我就心如刀割，痛苦万分。”的确是“子欲孝而亲不待”，等到子女彻底明白过来的时候，一切已成往事，悔之晚也。正因为如此，所以，赵光晋才会产生痛悔万分的强烈感觉。母亲的情况也类乎于此。比如《妈妈病后》一篇，写身患重病的妈妈，尽管已经知道自己来日无多，但却不肯麻烦拖累子女：“妈妈病重，但她从不愿意让儿女为自己操心。我回到家里，她总是乐呵呵地给我做饭，问长问短，可是她自己呢？”“俗话说，‘儿行千里母担忧，母行千里儿不愁’，这句话太经典了。”“妈妈为我们操了一辈子的心，到自己快不行的时候，还不肯停下来，而我老大不小了，快五十岁的人了，还没有意识到‘子欲孝而亲不待’的真正含义。一想到这些既让我难过，又感动，又自责。”并不只是这里具体举出的两篇散文，在这部散文集的其他篇什中，赵光晋所反复书写表达的一个主题，也都是来自于父母亲的恩典与自己身为女儿的感恩和自谴心理。

正因为已经明显地意识到了自己存在着“子欲孝而亲不待”的问题，所以赵光晋才会不断地进行不失严苛的自我反省，也才会有如同《赵光晋不孝》这样的篇章产生。在这篇文章中，赵光晋鞭辟入里地分析了究竟何以为“孝”的问题：“再深一步，是我的爱心和孝心不够吗？对父亲的感情不深吗？难道我的爱心和孝心只停留在表面，只会给爸爸买好吃的和好穿的，送月饼和送水果什么的？事实还真是这样，每到逢年过节，我们只是给父母送上节令产品，到家里看看，吃一顿爸妈做的好饭，仅此而已。只做一些力所能及的事情，从来没有感受到父母的内心世界，从来没有感受到父母生命的价值，从来没有感受到父母是个鲜活的生命。他们需要关注，不仅是需要关心和关怀，他们渴望子孙们知道他们在想什么。”说实在话，读赵光晋的这段话，直让我顿生出醍醐灌顶之感。是啊，在很多时候，我们自以为我们已经付出了爱心和孝心，但从来都意识不到自己表达感情的方式其实是存在问题的。很显然，所谓的“不安”，就突出地体现在赵光晋这种自觉的深度反省上。

贯穿整部散文集的，正是这样的一条浓烈的情感主线。我之所以要把《不安》定位为一部旨在书写伦理亲情的散文集，根本原因正在于此。艺术表现层面上，赵光晋散文有两个方面不容忽视。其一，是赵光晋极善于通过精彩的细节描写传递感情。比如《做布鞋》一篇，通过对于捻麻绳、做鞋底、纳鞋底、做鞋帮，一直到把一双手工鞋全部程序完成的细致描写，鲜明有力地写出了母亲的吃苦耐劳与心灵手巧。其二，则是她散文语言的质朴真挚。这一点，在《不安》中可谓随处可见，简直不胜枚举。比如《逮蚂蚱，吃蚂蚱》一篇的结尾处：“吃蚂蚱的事儿就写到这里吧！不然我又想吐了。但是，想起来妈妈宁可自己饿得浑身浮肿，还得照顾爸爸和我们兄妹四人，就连一个蚂蚱都留给我们吃。妈妈的大爱，我是永远无法忘怀的。”语言虽然质朴无华，但其中所内蕴的真挚情感冲击力，却是无可置疑的一种客观存在。

假若把这部《不安》与赵光晋特定的身份联系起来加以考察，我想，这部散文集其实很好地回答了一个问题，那就是赵光晋究竟是怎样成功的？为什么是赵光晋这样一位普通的市民女子成就了如此一番大业而不是别人？其中十分重要的一个原因，恐怕就在于父母双亲的那样一种言传身教的力量。有了这样的父母双亲，也方才可能有如同赵光晋这样充满感恩心理的子女产生，也才会有她的事业辉煌。尤其是在当下这样一个物欲横流的时代，民族道德精神的轰然坍塌已经是一种无法被否认的客观事实。如何采取有效的手段重建我们的民族道德精神，是一个迫在眉睫的重要命题。正是在这个价值层面上，我以为赵光晋的《不安》对于伦理亲情的艺术书写有着特别重要的现实意义。我之所以要不揣简陋地在这里郑重地向读者朋友推荐这本散文集，根本原因显然在此。

是为序。

2013年12月11日晚21时30分许

完稿于山西大学书斋

序二 永远女儿心

赵光晋

得知双合成一名店长尹军，因脑出血送往医院抢救，我和我女儿立即到医院看望，在医院里发生的一幕让我久久不能忘怀。同病房还住着一个病人，是一位87岁的老人，也是因为脑中风住院，这位白发老人浑身插满了输液的管子，她不停地叫着“妈妈！妈妈！”，她呼唤“妈妈”的声音瞬间刺痛了我的灵魂，刺痛了我的心，我浑身一颤。

我想到了自己。我是在妈妈的痛苦中诞生的。妈妈含辛茹苦把我拉扯大，她整日担惊受怕地生活着，因为她已经失去了四个孩子，生怕我们还活着的兄妹四人再发生什么好歹。

我上学了，妈妈望着我走出院门；我上班了，妈妈看着我走出楼门；我出嫁了，妈妈站在阳台上望着我回家。妈妈经常在梦里呼喊着我的名字：“晋啊！”我回家晚了，妈妈坐立不安，在家里走来走去，焦急地等待着我的身影；我临走时，妈妈在北面的阳台上向我招手告别；当我走出宿舍大门时，妈妈又跑到南面厨房的阳台上向我招手。不管我是否回头看她，妈妈总是不停地做着这一个动作。妈妈天天为了我这个女儿对着太阳祈祷，好让我平平安安。

我结婚了，从一个女儿变成了一对儿女的妈妈，我也像妈妈一样培养、期待着我的儿女长大。如今我的儿女长大了，他们结婚了，也有了自己的儿女，我由妈妈身又变成了奶奶、姥姥身。

作为一个女人，虽然我的身份一直发生着变化，但女儿心却是永远不变的，在妈妈面前我永远是个孩子，不管我岁数多大，我永远是妈妈的女儿。

而社会上很多儿女只有儿女身却没有儿女心：他们的妈妈在家艰苦度日，他们却在外面挥金如土：他们抽着爸爸买不起的烟，穿着妈妈根本不懂的名牌衣服；他们每天花天酒地，他们的爸爸妈妈却在家里了却残生。还有些人好像很厉害，不顺心就和父母吵架，好像人生一切不顺心都是父母造成的，待父母像佣人一样指手画脚，这也看不惯，那也看不惯，表现得高高在上，嫌弃父母无能。我很想知道他们凭什么这样？他们有什么资格值得高傲，有什么能力值得自豪？

父母给予我们最宝贵的生命，他们勒紧裤带也要把最好吃的、最好用的给予儿女，宁愿委屈自己也绝不委屈儿女，这是多么无私的爱啊！

我的爸爸妈妈出生于1914年。今年是他们诞辰一百周年的日子，我想在他们百年诞辰为他们做点事，从而弥补已经逝去了的无奈与遗憾。当一个人能真正体验到“树欲静而风不止，子欲孝而亲不待”的时候，往往为时已晚。所以，我常说觉悟觉悟，觉了也就误了。

开始，这本书起名叫《爱的传递》，后依次改为《感谢父母》《遥望天堂》《天大地大》，最后定为了《不安》。我从来没有给爸爸妈妈做一顿可口的饭菜，从来没有给爸爸妈妈捶过背、揉过腿，从来没有带爸爸妈妈到外地游玩过……我“从来没有”的太多了，就越来越觉得内心不安。

《不安》的书名由此产生。其实，这本书主要是为了传递爱心、传承孝道、传播父母的精神。我想起妈妈为了我们，吃长了芽儿的土豆芽拨烂子险些送了命；想起她自己吃树叶，却舍不得吃一颗鸡蛋；想起她为了节省几分钱，宁愿多走十几里路……我的心就像刀扎一样的疼。小时候，我们常在夜晚偷偷捡别人吃剩下的西瓜皮，妈妈知道后流着泪拼命地缝麻袋赚零花钱补贴家用。而爸爸为了我们则下农场、吃野菜、捡破烂、拾麦粒、拉烧土……一想起这些我的心就像倒了地的五味瓶来回翻滚。是爸爸妈妈省吃俭用把我们四个孩子拉扯大的！

现在，我也步入了老年人行列，就像我二哥写的“养孙才知父母恩”，我真的非常赞同这一说法。养儿的时候有婆婆公公、爸爸妈妈帮衬，而当你全心照看孙子的时候，才能真正体验到父母抚养后辈的那种艰辛，才能真正体验到父母的不易。每当想到这些，我就会潸然泪下，总觉得亏欠父母太多太多！

虽然我已年过花甲，可我那女儿心却永远没有长大，也永远不会长大。我这本书代表了我一个做女儿的心，这本书的“根”就是“父母”，爸爸是天，妈妈是地，爸爸妈妈比天大、比地大。我们的生命就是关系，父母就是关系的根，这个根扎得越深，叶才会越茂盛。

在父母诞辰一百周年出这本书，是一件非常认真、非常庄重、非常严肃的事，它不只是为了纪念父母的养育之恩，更不是为了赚钱，只是越写越觉得对不起父母，越写越觉得自己是个不孝之子。正是因为自己对不起父母，才想唤醒天下所有的儿女要对得起父母。正是因为自己不孝才希望天下所有的儿女都要孝顺父母。所以，这本书的“魂”就是“大孝”。小孝是供给，中孝是传承，大孝是超越。“大孝”是一个神圣的事业，作为儿女，能为父母争气就是大孝，能光宗耀祖就是大孝，能把爸爸妈妈艰苦朴素、诚实待人、助人为乐等等精神传承下去就是大孝，这就是超越。超越就是做更伟大的父母——但这是后人说的！

当你看到这里，不管这本书对你会起到什么作用都已不重要了，重要的是做儿女的心，这颗永远的儿女心才是我想呼唤的。

所谓永远的女儿心，就是永远的儿女心，就是永远记住自己的这个身份，就是面对父母我们永远心存敬畏，就是要把实现父母对儿女的期待变成一生的精神力量，就是通过这些使“父母永存”，使父母的精神成为我们的精神血脉。只有这样，面对我们的儿女，我们才能做更伟大的父母。这就是孝，这就是传承。

2013年12月12日

目录

第二集 妈妈

第四集 我们家

第五集 我们

第六集 我们院

第七集 我·晋啊

第八集 写给天堂

第九集 幸福家园

后记

回忆是幸福的
也是痛苦的
但更多的是不安

不安

第一集

爸爸

爸爸小时候

爸爸自小生活艰苦，很有志气。

爷爷无法维持生计，把家中两亩保命田典当了做路费，带着13岁的大伯赵金海远走黑龙江省海拉尔边境闯关东去了。

家里无地可种，做饭要用柴火，爸爸就去拾柴，解决全家人吃饭烧火的问题。

麦季拢麦茬，秋季拾秸秆和碎叶。爸爸肯动脑筋想办法，自己绑了个拾柴火的竹竿三脚架，将长竹竿六根、短竹竿六根，用铁丝绑成拾柴火用的三脚架，从此由“身背”变成了“肩挑”。

那时拾一季麦茬能供两三个月做饭用。奶奶一直表扬爸爸，“儿子金洲长大了，勤奋吃苦，不吃一天闲饭。”

爸爸还有幸免费上了四年私塾，学习了《三字经》《百家姓》《弟子规》《名贤集》《大学》《中庸》《论语》《孟子》及《千家诗》等等。爸爸的恩师——高杰儒经常教导爸爸，“业精于勤，荒于嬉”，“一寸光阴一寸金”，“立德，立功，立业，立行”，“非礼勿视，非礼勿听，非礼勿言，非礼勿动”……

后来，爸爸也常常这样教导我们，他还念念不忘高杰儒老师的大恩大德，经常说“饮水不忘掘井人”。

难怪爸爸晚年把工资都寄了出去，他是在对人间报恩。爸爸的知恩报恩、知情报恩，为我们树立了榜样。

爸爸从小就喜欢助人为乐，见义勇为，有个好口碑。

在他上初小的时候，曾经救过邻居宋海嫂子。宋海哥（爸爸在他的回顾中这样称呼）的父亲宋庆大爷开了个杂货铺，是自做自销的小手工业，一家老小赖以谋生。而宋海哥染上了大烟，无法自拔的宋海哥便把老婆的嫁妆、银饰变卖一空，并经常打骂老婆。逼得宋海嫂子无法生活，抛下两个幼儿，服毒自杀。爸爸听到后立即请上医生崔乙春前往拯救，但药效不大，宋海嫂子仍昏迷不醒，高烧不退，生命危险。

突然有位大人说：听说用大粪汤灌肠，能把毒药逼得吐出来，可以用来解毒。

当粪汤送到宋海嫂子面前时，刚刚清醒一点的宋海嫂子坚决不喝，并说，“唯有一死了之，不想活了。”在跟前的人都陪着流泪，毫无办法。爸爸却急中生智，端上粪汤，跪在宋海嫂子面前哀求着，“宋海嫂，你如果不喝，我就跪着不起。你就不心疼你两个年幼的儿子吗？”其他几个大人也跟着说：“宋海嫂，你看金洲这么诚心诚意，你就喝了吧！”

爸爸跪了半个时辰，宋海嫂终于端起臭不可闻的大粪汤喝了下去。恶心不止的宋海嫂连粪汤带毒物一并吐了出来，爸爸又端来清水，让宋海嫂不停地漱口。邻居都松了口气，宋海嫂终于得救了，她一直说，“谢谢救我！”

我的奶奶

民國字典
孝經讀本
附二十四孝圖說
三友實業社郵售部印行
繪圖三字經
上海學古堂出版
分發行所北京打磨廠東口內路南

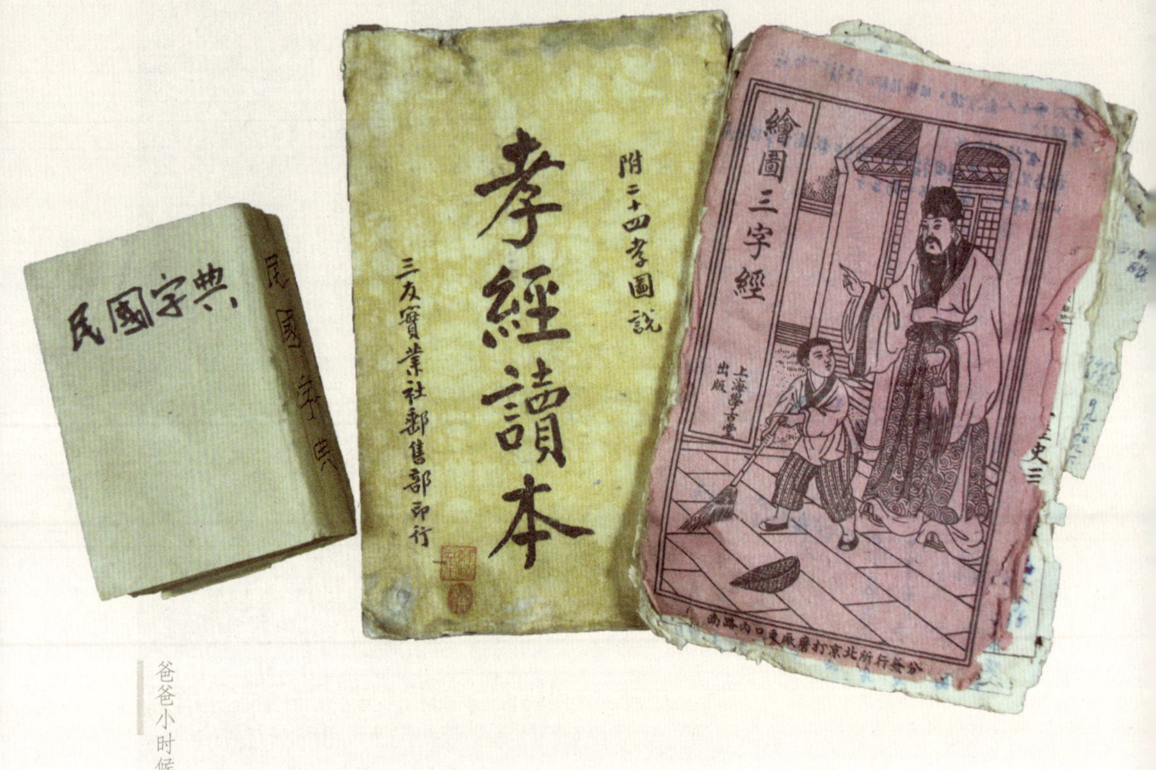

爸爸小时候的读物

爸爸这一救人的举动，一时在村里传成佳话："不是那个小金洲跪着不起，宋海嫂的命早就没了，那小子还真行！"

后来宋海嫂两个儿子长大了，一个1945年参军南下当了解放军团长，一个在天津一家工厂里当了科长，宋海嫂也到儿子家享福去了。

爸爸救了宋海嫂子，也救了他们全家。

爸爸从小心中总装着他人，他深深地影响着我们的一生。

他曾想过死

爸爸曾写下遗书：

“等我死后，你母子四人（光宇七岁，光晋三岁）讨吃要饭，（一定）要奔回原籍——河北省黄骅市城关大街北村，依靠族人、亲人求得活命！”

这是爸爸在1955年10月写的。时值肃反运动，有人检举他在新海县敌伪时期有两条命案，为此还搜集了厚厚一沓证明材料。当时，爸爸听后如雷轰顶，头昏心跳：这分明是居心陷害，企图杀人。

爸爸想死，因为没有人身自由，自己不能外出取证，致使有冤无处申诉，只有等死。他连日不吃不眠，心神不定，企图自尽，了此一生。在走投无路的情况下，偷偷给我妈和大哥写下这封遗书。

我想，爸爸一生不易，但只为养家糊口，艰难度日。他在日伪时期当过小差，那也是无奈之举，并没有做过反党反人民的事情。可无数运动中爸爸都是“运动员”，被批被斗被陷害，就因为怀疑爸爸有“两条命案”，参加过国民党。“文化大革命”中，他又倒霉地将“治病救人”

第五十九节　致可怜的金兰贤妻及光中儿的一封书信，表达生离死别的血泪深情和你们母子(女)四人的延续残生，并可安慰家乡的年迈老娘和奶奶。（附件之三）原书信按照抄如下。

金兰：相随二十年，除近几年外，大部过的是艰苦生活，更谈不到丝毫享受，你那刻苦劳动的精神，使我永志而感激！记得41年秋我去沧县时，因你衣扣钉错狠打了你一下！想起痛心自恨。

对光中因贪玩狠打他两三次，使我永难忘记的是：51年夏全家去游水上公园，他背上光宇摔在地上，打他一次；对光宇也狠打过两次，使我后悔痛心！

晋儿因小而乖，记得没打过他。

今后你们的惨痛生活，除及时申请政府发给救济金外，如不能维持最低生活，可通过汉章弟转向克显和赵紫惠弟（华叔的三小子，现在河北省府体育运动委员会任科长）等帮助一点，或者不能定。

中儿你长这么大，我一向没教育你过，怎样对得起你！

金兰要注意身体，好培养孩子们成长；光中要孝敬母亲，顺从母意，并爱护教育弟妹，注意身体！

总之，惨痛局面已形成，但还须宽怀处之；不要悲痛，要克服不能克服的困难！

中儿如不能上学，可找大舅二舅（指永祥和荃坊）等找个劳动工作，维持残命！！！

奶奶要多安慰她。"

祝

您们好！

夫
父　赵静远

56年1月24日

误写成“治病治人”，被打成“历史现行反革命”，从此更是过着地狱般的日子。

爸爸一生尝尽了“大会批、小会斗”的滋味。在清除黑五类、打倒刘邓的年代，我真不知爸爸妈妈是怎么熬过来的。可怜的父母亲啊，你们艰难度日，还要受尽迫害，真是千辛万苦！

感谢共产党拨乱反正，爸爸于1971年2月回到合并后的省农业生产资料公司，党委书记姜宝吉在会上宣布：根据商业厅党委会议决定，对赵静远撤销“文革”的处分，定为一般政治历史问题。从此，爸爸在“文革”中的处分得以平反昭雪，他的人生彻底得到解放。

是什么力量让爸爸坚强地活下来的？是妈妈，还有他四个活泼可爱的儿女。

恨

爸爸兄妹六人，上面有一个哥哥一个姐姐，下面有两个妹妹一个弟弟。因家里穷，大伯13岁就到天津去干活养家糊口，留在老家里的就大娘一人。大娘没有生过孩子，奶奶去世以后，她就孤苦伶仃一人度口。大娘 辈子是很可怜的，幸好她心直口快有啥说啥，从不往心里装事，身体还很硬朗。

我上小学三年级的时候，家里来了老家一位叫赵荣阁的五叔，也在太原上班，以前每到礼拜天，五叔经常来我家吃饭。

我清楚地记得，一个周日他和爸爸两人背靠着墙坐在小板凳上合计着什么。妈妈在炕上，拿一盆棒子面在和面蒸窝头。我在外面和同学玩，突然被爸爸叫回来，告我让五叔把我带回老家去，送给我大娘当女儿。我抱住妈妈的大腿哭了起来。“妈妈我不去！妈妈我不去！”只见妈妈也哭了。她说：“不行，我不能让晋走，我们母女死也要死在一起，再穷再苦也要在一块，不能回老家受罪去！”我从没有见过妈妈这样坚决，她的声音很大，很响亮，我吓得抱着妈妈的腿，生怕爸爸把我拖走。“我不去！我不去！”爸爸这次态度很反常，只见他使劲地抽着烟，一句话也不说。五叔见没有办法带走我，就无奈地走了。我在妈妈坚决勇敢的保护下，终于躲过了被送人的一劫。

但我幼小的心灵中却种下了仇恨的种子。我恨爸爸的无情，我恨爸爸的无爱，我恨爸爸做的一切事情，我在这个家里没有了安全感，只有和妈妈在一起才感到安全。从此，我和爸爸的距离越来越远，越来越远……我变了，我变得敢顶撞凶悍的爸爸了，我们兄妹四人中，只有我敢顶撞他。现在想起来，报仇雪恨的力量可真是大啊！

妈妈心善体弱，封建社会的女人在男人面前是不敢抬头的。可在女儿的事情上妈妈变得强大了，她在保护女儿免遭伤害的时候就什么都不怕了。

那时，我在爸爸面前也是无能为力的，唯一能做的就是表现自己不是白吃饭的，不是多余的。我一回家就干活，尽量多干活，好让爸爸打消把我送回老家的念头。现在回想起来，爸爸也是不情愿，那都是一个“孝”字在作怪。

大伯在天津又有了家室和孩子，家里留下大娘一人。尽管老叔的孩子光华哥在她身边，但爸爸还是希望有个女孩子去陪伴大娘，帮她做些家务什么的。

从那以后，爸爸再也没有提起让我回老家的事，但我每天还是提心吊胆地生活着。怕爸爸、恨爸爸、爱爸爸的心情在我心中交织着，成为我难以解开的心结。爸爸从不知道这件事后我心里对他是那样地恨。

走过汾河

爸爸给了我两次生命。

记得那年爸爸带我去河西的庄稼地里捡麦粒儿，要经过汾河大桥。那时，汾河水不停地在咆哮，翻滚的浪花让我心惊胆战。长长的铁链连接着河西、河东两头，我背着一个小小的布包，在太阳的暴晒下，紧紧地抓住铁链战战兢兢地走在窄窄的长长的木板上。上帝保佑，我总算走过了摇摇晃晃的汾河桥。

一望无际的田野，真有麦粒让爸爸和我捡吗？烈日当头，口干舌燥，爸爸不停地在地里走来走去，睁大眼睛死死地盯着地上，生怕让一个麦粒儿漏掉。那时捡麦粒儿，还真是一件困难的事。整整一天的工夫，我和爸爸捡了一小把麦粒儿，更多的是挖了很多苦菜、曲曲菜，也可以说是小有收获。

天渐渐暗了，我们要回家了。

回家的时候必须要路过汾河桥，我高兴得竟忘了害怕，左手抓着铁

汾河

链，右手拎着小包，走在摇摇晃晃的木板上，忍不住低头一看，滔滔的汾河水汹涌着自脚下淌过。我忍不住有些头晕，突然脚下一滑，身体一斜，差点摔落水中。说时迟那时快，爸爸一把抓住了我。

我差点掉进汾河，丢了小命的感觉直到现在回想起来还让我心惊肉跳。从那时起，恐高和怕水就伴随了我一生。我怕水怕河怕海，我不敢游泳，不敢下海，就是看见小溪都很恐惧。

爸爸不但生了我，还救了我，给了我两次生命，我感谢爸爸。

包饺子

爸爸出生在河北省黄骅市（原黄骅县）大街北村。老家有个习惯，就是爱吃带馅的食物，比如饺子、包子、馅饼等等。

1960年困难时期，每月每人只供给一斤白面。那时我家六口人，每月也就只有6斤白面，我们只有等到礼拜天时才有可能吃上白面，所以我们兄妹四人天天盼着礼拜天到来。

每到礼拜天，爸爸就亲自下厨房，因此这天就成了妈妈的休息日。

一大早，爸爸就开始挽起袖子大干起来。先开始和面，河北人讲究软面饺子硬面汤，就是说，饺子面要和得软，面条的面要硬。爸爸怕妈妈把面和硬了，不放心，就亲自动手。爸爸的手大，放在面盆里三拨两下就把面和好了。面和好先放在一边醒醒，接着就开始切肉、剁肉。那时，吃一顿饺子最多是三两到半斤肉，在那困难时期有肉味就已经很美了。肉剁好后，只见爸爸放上葱、姜、油、盐等，先把肉用佐料腌上，然后准备切菜。

爸爸干活很麻利，虽然比不上妈妈手快，但也是一把好手。做饺子馅的硬活就是切菜、剁菜，因为菜太多了，拌猪肉馅一般是白菜、白萝卜，而拌羊肉馅是胡萝卜。菜剁好后放在盆里和肉搅起来，不多会儿一大盆馅就调好了。这时，妈妈才开始有活干。

爸爸对饺子的要求是皮薄馅大。煮饺子也是有方法的，要开三次锅，每煮开一次都要往锅里添上一碗水，反复三次后揭开锅盖再继续煮一会儿，直到看见饺子鼓起来。爸爸会用手压一下饺子皮，如果饺子皮能自动弹起来，饺子就煮熟了。

饺子煮好了，一个个都是胖胖的、大大的，哈哈哈，我第一个先吃，因为两个哥哥比我大，他们会让着我。妹妹比我小得多，我在家里算得上宠儿。我清楚地记得，吃饺子爸爸让数数，看看我们吃了多少，我一口气能吃 32 个。爸爸包的饺子是很大的，相当于饭店里饺子的三倍大，因此每次我吃得肚子贼大，出气都有些困难。妈妈常说原汤化原食，吃完饺了必须喝面汤，但我根本喝不进去了。

在那个年代，人们肚里都没油水，碰到吃饺子，就是两个字：死吃。

那些年，每到礼拜天都是我们享口福的时候，也是爸爸妈妈最忙的时候。饺子熟了，家里还有一个习惯，爸爸让妈妈端上饺子给邻居这家送一碗，那家送一碗。那时，邻里邻居相处得像一家人一样，吃像样的饭，不是你送我，就是我送你，大家其乐融融，好热闹啊！

现在真想再回到那童年时代，好好品尝爸爸妈妈包的饺子。

打

爸爸辞世多年，但他的言传身教给我们子孙留下了深刻印象。他乐于助人，关爱别人，做事勤奋，至今让我难以忘怀。

爸爸的小名叫“金洲”，听老家的人讲，他从小就爱帮助别人。爸爸写得一手好字，经常被别人看成是个有文化的人，每逢过大年的时候，爸爸可忙了，写对联要写到深夜，这家拿一副，那家拿一副，回去贴在自己家门上。我每看爸爸写对联时，心里很是自豪，很敬佩这个脾气大的父亲。

爸爸对我们子女的管教是非常严格的，谁要在学校不听话，只要让爸爸知道，那就是一顿臭打。门背后的笤帚把是爸爸最好的打人工具，这是打身上用的。还有打手的，那就是妈妈用来量衣服的尺子，谁要不听话，就会尝到尺板打在手心那种刺心难忍的疼痛。我二哥是经常挨打的人选。他从小调皮捣蛋，聪明好玩，经常去河边抓鱼、游泳。爸爸知道后就边打边嚷，“你不要命了，河里会淹死人的！”我们跪着求饶，“爸爸，我们不敢了，不敢了！”

有一次我差点挨了尺板。快过年了，我们全家都忙着收拾家，吃饭时，我一不小心把碗打了，“和子饭”撒了一地，饭也溅到了身上，爸爸气得拿起了尺板，骂我不上心。爸爸手中的尺板落了下来，却没有打我，他心软了，但恶狠狠地让我背古诗：锄禾日当午，汗滴禾下土。谁知盘中餐，粒粒皆辛苦。他让我们从小就珍惜来之不易的粮食。直到现在我们兄妹都儿孙满堂了，才深刻地体会到爸爸严厉背后的疼爱。

如今爸爸去世快九年了，他的教诲，我终生难忘，也让我体会到了尽孝是不能等的，我没能完成爸爸想回老家的心愿，想来真是后悔。“子欲孝而亲不待”，说出了我的心里话。

干活

干活干活，只有干才能活。过去不干活不了，现在不干活不好。从我记事起，就看到爸爸整天在干活儿。

其实我并不知道爸爸每天上班干什么工作，具体做什么事更不知道。但是，每当看到爸爸早出晚归的身影，看到爸爸那疲惫不堪的身躯越来越弯曲，想到爸爸在单位很忙，很辛苦，我就很心疼。因为爸爸是一个勤快人，从来不懂得偷懒，干什么像什么，什么都干得很出色。能者多劳嘛，爸爸多干也就对了。

为了孝敬爷爷，为了赡养奶奶，为了让我们兄妹吃饱饭，爸爸一直拼命地干活，因为只有干才能活，过去不干真是活不了。只有干活儿，爸爸才能赚回买粮的钱；只有干活儿，一家人才能平平安安地活下去。所以爸爸上班要干活，回家还得帮妈妈干活，而且干得总是那样协调，那样整洁，那样让人看了舒坦。

记得在太原牛站商业厅宿舍东一排一院 4 号住的那段日子，正赶上

全国三年自然灾害，物资相当匮乏，饿肚子的事情常常发生。当时，在我们宿舍的后墙外，有一块小小的空地，草长得很高。春天到了，爸爸带着我和哥哥、妹妹挥舞锄头，硬是一滴汗一滴汗地开出一片临时属于我们的“自留地”，种上了玉米和一些菜。记得下种时，爸爸把土拢成一条一条的浅沟，把种子均匀地撒进去，再轻轻地用土埋住。尽管爸爸所做的一切我都不懂，但是总觉得爸爸非常伟大，十分能干。当听到爸爸说，等过一段时间，到了秋天，菜长成了，玉米熟了，我们就能吃到好东西时，我和妹妹高兴得在菜地旁边又是击掌、又是嬉闹。

为了秋天的收获，爸爸下班回来或礼拜天休息，一有空就来到这块地里，不是浇水，就是拔草，我和妹妹总是跟在爸爸左右。爸爸挑来水，我和妹妹抢着用瓢舀上浇地；爸爸拔草，我们也要跟着拔。爸爸生怕我们把小苗拔了，还教我们怎样识别小苗与小草，许多在书本上没学到的东西，我们却从爸爸身上学到了。

经过一个夏天的辛勤劳动，爸爸种的西红柿，红了；爸爸种的茄子，紫了；爸爸种的萝卜，可以吃了。等到秋天，爸爸种的玉米棒子上长满了胡须，剥掉棒子周围的叶子，一颗颗饱满的玉米粒排得整整齐齐的，真是让人喜欢得不得了。

那一个夏天，我们家的菜基本上够吃了。有时，爸爸妈妈还要给邻居送去，让他们也尝个鲜。

现在回想起这一切，常想，我们这个宿舍住着几百户人家，怎么别人都没有想到在这里种菜种玉米呢？只有爸爸开荒种菜，让我们一家人填饱肚子，度过灾年。爸爸真是太不简单了。

南瓜

在“文革”动乱时代，爸爸被打成“历史现行反革命”，被下放到农场去劳动改造。在那段日子里，爸爸是怎么熬过来的？五十年过去了，我这个当女儿的都不知道真情，想起来很是惭愧。现在，我的头脑里经常出现爸爸背着大南瓜笑着回家的样子，还是那么甜美。更高兴的是，妈妈很快就把爸爸带回来的大南瓜给我们兄妹四人做成南瓜稀饭或蒸南瓜，以此来改善我们的生活，这样我们就可以美美地饱餐一顿了。

俗话说：养儿才知父母恩。我长大成人了，有了家庭、有了自己的儿女，每当想起那个大南瓜，就好像看到爸爸种南瓜的场景：面朝黄土背朝天，手拿锄头把土翻。南瓜种子放里边，施肥挑水不停闲。泪水血水肚里咽，盼望南瓜快长大，背上南瓜回家欢。爸爸承受着身体的痛苦、心里的痛苦和心灵的痛苦，忍受着精神上的折磨，独自一人在那荒山野外过着寂寞的生活，那是多么孤独，多么恐怖；但他又是那么包容、豁达，他把痛苦深深地埋在心里，苦干实干，接受党的严峻考验。

爸爸没有迈向生命的尽头和死亡的边缘，坚强地活了下来。虽然我不知道爸爸的真实感受，但我能感受到爸爸的心在颤抖。这就是爸爸信念的力量，知道自己不是反革命。为了真理，为了儿女的命运，为了家族的名誉，坚强，坚强，再坚强。那时，我天天都盼望着爸爸能回到家里和我们欢聚一堂。

爸爸每次回家，逗留的时间很短，吃口饭又急匆匆地返回农场。爸爸走时，我心里难过极了，每当我们送爸爸出了院里的大门时，我的眼睛就模糊了，望着爸爸那高大的身躯迈着坚实的步伐，渐渐地消失在我的视线里。

热心人

说起爸爸，人们都会伸出大拇指，满口称赞那是个好老人，一辈子积了德，儿女个个有出息。

因为爸爸热情行善，爱帮助人，　看到街上弹棉花的、卖花的、炸麻叶的、扫大街的，他总是问长问短，送钱送物，赢得了街坊邻居的一致赞誉。

过去住四合院，街坊邻居经常围在一桌吃饭，坐在一起聊天。爸爸包上饺子，东家送一碗，西家给一碗。碰上邻居，爸爸总是满脸笑容地打招呼。

住上楼房后，不管是楼上的楼下的，只要有人找，爸爸就满口答应帮忙，特别是双合成的事，更是有求必应。爸爸真成了双合成的人事部经理了，因为只要有人想找工作，爸爸就介绍到双合成。开始还告告我，我说："爸爸你别多管闲事了。"因为我责怪他，他怕我埋怨，从此他给别人介绍工作不再告诉我了，就直接找人事部刘素英。

爸爸一帮助人就高兴

“小刘，有个女孩，想到你单位上班，你给办办吧！”就这样，爸爸不知道帮助多少人在双合成就业。店长尹君就是其中一个。尹君是个回族青年，开始把她分配到冷车当工人，后来又安排到了门店，在双合成一干就是十多年，从一个工人到现在，已经成为一名优秀的店长了。

爸爸看到弹棉花的孩子可怜，经常拿上家里的好吃的给他们吃。他们相处得非常好。爸爸跑累了就在弹棉花的家里睡上一觉，他们也把爸爸当成自己的老人。爸爸走后，街上弹棉花的两口子到家里的灵堂前跪下痛哭不停。

爸爸每年都要问我要几十本挂历和几十副对联，挨家挨户地给人送。他还自己买上双合成的点心送给别人，以此来炫耀自己的女儿有多好。今天的双合成在山西名气大，也有爸爸一份功劳。

年复一年，日复一日，无论春夏秋冬，爸爸一直热心地为邻居们尽一份微薄之力，一直到他病逝前一天。尽管旧日的四合院已不复存在，楼里也没有了爸爸往日的身影与笑声，但爸爸高大的身躯、朗朗的笑声和那份助人为乐的热情，给别人带来的无限的快乐，仍让邻居们难以忘怀。

唠叨

“天道酬勤”这个成语，我已经知道几十年了。记得在我小的时候，爸爸就经常给我们讲这句话的含义。

晋啊，天道酬勤你知道是什么意思吗？勤劳、勤奋、勤恳的人，一定会得到回报，这是天经地义的道理，你勤勤恳恳地工作不是给别人干的，更不是给别人看的，你是为自己干。有句话是“利众之后，人责之先”，就是凡有利的事，你要走在别人后面；对需要承担责任的活，要不怕苦、不怕累，抢着干、带头干，要走在大家的前面，要去承担。这样，老天会给你帮助的。

爸爸和妈妈的性格不同，爸爸是个爱说、爱笑、外向的人，妈妈则是个不爱讲话内向的人。

我当工人时，爸爸就唠叨上了：“晋啊，你要多干活，在工作上，要尊敬师傅们，你不要耍脾气，干活要细心，扫地要压住笤帚……”

我当班组长时，爸爸又不停地唠叨：“晋啊，你要多关心组里的人，

在爸爸唠叨中成长

要干在前，吃在后，力气是奴才，死了还要来，要当一个以身作则的班组长啊！”

我当了双合成的经理，爸爸叨叨得更多了：“晋啊，你可不要拿公家的东西啊！你们做点心要注意产品质量啊！原料要用质量最好的，不能滥竽充数啊！你要给别人做表率啊！多干点活，对你自己也有好处，你听见了吧，你可知道天道酬勤的意思吧？”

瞧！我上学的时候，爸爸告我多参加班里的劳动……我上班的时候，爸爸告我不要和别人比，要多干活……

我当上人大代表了，爸爸念叨得更多了：“你可要多学习党的方针政策啊！你要多学习多干活，处处起模范带头作用啊！”

瞧！我结婚了，爸爸告诉我到婆家要有眼力，要多干活，做一个贤妻良母；我当经理了，爸爸仍然告我多干活；我当上劳模了，爸爸还是叨叨，让我多干活，别骄傲自满；我50多岁了，爸爸依然告诉我多干活……

正由于爸爸的执着，正由于爸爸的激励，正由于爸爸的唠叨，爸爸“天道酬勤”的口头语，才在我心中留下深刻的烙印，在我心里扎了根。我的勤劳、勤奋得到了大家的认可，受到社会的肯定，我当上了全国劳动模范，当上了十五大党代表，当上了世界妇女大会的代表，当上了全国五一劳动奖章获得者，当上了全国优秀女企业家，还当上了2008年北京奥运会火炬手……

七十三岁退休

按国家规定，男同志 60 岁就该退休了。我的爸爸却与众不同，到 60 岁了仍在工作。

爸爸本应该在家休息养老，但爸爸敬业、忠诚、认真、执着、无私奉献的精神，使他到退休年龄后还体现着自己的价值。

爸爸到该退休的年龄了，但他们公司一直没有给他办理退休手续，后来听二哥说，一是因为爸爸的一个“证”一直没有得到落实，不能办理退休手续。二是爸爸工作认真负责，敬业，这样，省生产资料公司就一直让他负责公司职工宿舍楼的基建工作。

爸爸跑前跑后办理建设职工宿舍的许可证、规划证、建设证等等。他每天都兢兢业业、认认真真地工作，他听党和领导的话，从不私自往家里拿一张纸、一块砖、一分钱。还记得大哥赵光中在五一机器厂宿舍住时，想捡一些不能用的旧砖盖个小厨房，问爸爸可不可以，一贯严厉、说一不二的爸爸斩钉截铁地说：“不行，那是国家的财产！”吓得大哥

他还想着革命工作

再也不敢提这件事，小厨房也就没有盖起来，只是搭了个小棚子凑合着做饭。

爸爸也保质保量地完成了公司领导交给他的所有工作。2万平方米的宿舍办公大楼拔地而起，看到他们公司职工高高兴兴搬家的景象，做女儿的我真的很高兴，也很自豪，爸爸也受到了大家的一致好评。爸爸因此工作到73岁才离开工作岗位。

爸爸顽强的工作毅力，热情的服务态度，认真的工作精神，拼命的吃苦劲头，潜移默化地影响着我们兄妹四人。爸爸以身作则，为我们树立了光辉榜样。爸爸用生命培养了我们，使我们在各自平凡的工作岗位上都做出了不平凡的业绩，默默地做着自己应该做的一切。

给人寄钱

“晋啊，爸爸就剩下20块钱了！”一次我带女儿翘妹刚进娘家门，爸爸对我说。

“爸爸，你别把钱全给了别人，自己也得留一点用啊，真到你用的时候，你得能拿出钱来呀！”

“晋啊，我是个离休干部，每个月国家给我几千元呢。这个月花完了，下个月单位就又给我发钱了，爸爸先借你的，发了就还你。”

“爸爸，这还不重要，关键是你不能把每个月的工资都送给别人啊！”

“晋啊，你不知道，外面要饭的、卖花的、钉鞋的、弹棉花的，那些人都可穷了，爸爸得给他们呀，给他们孩子买点吃的什么的，爸爸，还得给老家的侄儿、外甥寄点钱。”

“我的爸爸呀，你不要太为别人操心了。翘妹，你给姥爷拿500块。”翘妹马上从自己包里拿了500块给了姥爷。

“翘妹，姥爷下个月有了钱就还你啊！”

爸爸一生不知给人寄了多少钱

“姥爷，不用了。就算我孝敬您老的。”

“翘妹，你是姥爷的好宝贝。”爸爸摸着翘妹的头说。

爸爸就是这样一个助人为乐的老人，每个月的工资全部都要送出去。到了过年，爸爸要送出去一万多元，连并州路邮局的人都认识他，因为爸爸经常去寄钱。经常家里电话响了，我拿起电话问：

“你好！”

“是赵大爷家吗，我是并州路邮局。”

“我爸爸不在，你有什么事？”

“赵大爷寄钱的时候，汇款附言写得太长了，放不下。要问一下赵大爷删些字行不行？”

“可以，可以，你看着办吧。我回来告我爸爸。”我马上对她说。

“那你回头告一下赵大爷，我挂电话了，谢谢你。”

“好的，谢谢。”

爸爸就是这样一个从不考虑自己、不考虑他的子孙，乐于帮助别人的人。爸爸到临终时，还从口袋里掏出200元给了我二哥，这是爸爸仅有的存款。说起这来可能很多人不会相信，但这是千真万确的。

时钟

爸爸像一个钟表，他的秒针、分针、时针一直指引着我往前走。我的每一步，都是沿着爸爸的脚印前进的，长长的一条路展现在我前面，我不需要多思考，沿着它走下去肯定是不会错的。

走到今天，我在双合成工作近 30 年，爸爸妈妈给了我多大的帮助和支持，我说也说不清楚，讲也讲不完整。

爸爸妈妈无私付出的大爱，让我做女儿的终生难以报答。

每当我回家看望爸爸妈妈，就有一幕幕镜头，使我终生难忘。

吃饭时，妈妈把饭菜端到桌子上。吃完饭后，爸爸就说："晋啊，你和你妈睡觉去吧。"

我就和妈妈很听话地到里屋睡觉了。爸爸接着还有一句话："晋啊，你几点走？"

我说："爸爸，我两点走。"

我拉着妈妈的手睡着了。可是，爸爸却坐在客厅里一边看报纸，一

我生命中的表

边盯着表，一分不差到两点，爸爸就叫我起床上班，我爬起来洗把脸就上班去了。

现在我回想起来，除了在娘家我中午可以睡一觉外，还真没有午休的习惯。爸爸就像酒店的叫醒服务生，认真准时地提供着优质服务。

爸爸几十年如一日，默默无闻地做着这件“叫醒”我的事，他认真、专注、持续的精神影响着我的人生，这让我深深地领悟到，小事做到极致，大事才有机遇。

离休荣誉证

1987年12月26日，是个极普通的日子，但对亲爱的爸爸来说，却是终生最光荣的日子。这一天，爸爸领到了省里为他颁发的“离休荣誉证”，上面盖有红印章，他“享受县处级政治生活待遇”，这是爸爸在政治生活上的最高待遇。不难想象爸爸是多么高兴，多么自豪，多么荣耀。

73岁的爸爸无私地给党和人民奉献，在他平凡的工作岗位上做贡献。到了退休年龄，他仍兢兢业业干了十多年基建工作，他负责承办河西化肥厂、北营仓库、汽车队、公司办公楼及六栋宿舍（建筑面积1.8万余平方米），从而改变了他的单位——山西省农业生产资料公司——既无办公楼又无职工宿舍的历史。

爸爸是省农资公司一位功臣，应该得到上级的特别奖励。爸爸不应该因我得到很多荣誉才能在外人面前抬起头来。他自己为他的公司干了那么多好事，兢兢业业的精神至今还留在很多人心中。

爸爸领到的离休荣誉证书，可不是一张普通的证书，这是爸爸辛勤工作几十年的结晶，是爸爸努力奋进的见证，是对当年曾经污蔑爸爸的不实之词的有力回击。

这是一张山西省颁发的离休荣誉证，它让爸爸在晚年活出了人样。爸爸的离休荣誉证一直陪伴爸爸到他生命最后的时刻，他拿上离休证坐汽车免费，到公园免费，看病优先，时时处处得到尊重和关爱，得到党和人民以及各级政府无微不至的关心。

这张离休荣誉证书是多么高贵，多么重要，多么光荣啊，爸爸离休干部的光环照亮他全部的人生。

骑车

爸爸 80 了，还骑上自行车到处乱跑，这让我们全家人都揪心揪肺的。我曾经因为他岁数大了，劝他不要骑车了，但执着的爸爸却说，“晋啊，爸爸骑上车子还有很多的事要做，我要买米买面，买土豆，买上我还得用自行车把它们驮回来，你放心吧，爸爸没事的。”

有一天我回到家，爸爸把我叫到一边告我：“爸爸骑车下体育馆的大坡时，被一个小伙撞倒了，重重地摔了一跤，腿也摔疼了，现在浑身还疼呢。我没敢告诉你妈，不能让你妈知道，知道了就不让我骑车了。我还要买菜、买粮呢。你们都那么忙，再说我在家也没事干，晋啊，你可不能告诉你妈啊！”

我着急地说“爸爸，你要听我的话，你不能骑车了，你都 80 了，岁数大了，摔坏了可怎么办呀！”

“晋啊，爸爸没事，我的好闺女，你就放心吧，全身心地把双合成搞好，你要团结大家呀，做好点心，保证质量。晋，你听见爸爸给你说的话了没有？”

爸爸八十了，还骑上自行车到处乱跑

我严肃地说:“爸爸你不能骑车了,你得听话,你不能老让我听你的话,你也得听我的话啊!”

爸爸笑了,我也笑了。但这次我动真格的了,我逼得爸爸把车钥匙给了我,那天我没有坐车,是骑着自行车回家的。

这辆自行车是我1972年20岁上班时候买的。那时,我在副食大楼上班,路途较远,妈妈要给我买辆自行车,我高兴坏了。我想买辆空梁的女士自行车,妈妈却想让我买有大梁的自行车。

妈妈说:“晋啊,你要买辆大梁的车,它的用处大,可以买粮、买菜,也方便。你爸爸、哥哥骑也好骑。”

我说:“可是,我很喜欢空梁车,看到别人骑上腰板直直的,很酷。”

妈妈没办法了,说:“晋啊,妈不管你了,你想买什么车子就买什么车。”花了一百七十六元,我终于买了一辆飞鸽牌空梁自行车,那时还是爸爸搞了一张自行车券才买上的。

我天天骑着它,真的很酷,甚至骑在大街上回头率还很高呢。

妹妹上班了,她也喜欢上这辆自行车。我就让给妹妹骑了。因为我已经过了好几年的瘾了。妹妹在山大三院上班,每天骑车要一小时才能到单位,可妹妹很高兴。

妹妹要结婚了,妹夫马靖宇送给妹妹一辆自行车。这辆空梁自行车自然又回到了娘家,爸爸从此就骑上买东西,还东奔西跑的。这辆自行车几十年,可为我们赵家出力了。

爸爸80岁骑车的历史就此结束了。但他总觉得自己还很年轻。这让我想到自己已经是60多岁的人了,我也觉得自己还很小,还很年轻,就像爸爸80岁还骑自行车一样年轻。

两个心愿

妈妈去世以后，爸爸对我说，他有两个心愿要完成，一是要写本自传，一是要回趟老家看望他的亲人。

那时爸爸已经83岁了。爸爸的记忆力相当好，他把自己的全部经历都写了出来，包括经历的时间、地点、内容。真是经历就是财富。80多年的事情，他居然记忆犹新。书写好后，爸爸要出版。爸爸的要求很严。妹夫马靖宇好心好意地给爸爸办了这件事，爸爸嫌不好，一是因为没有正式出版的书号，看起来不像是书倒像杂志，二是校对不认真，书里错别字太多。

爸爸的自传最珍贵之处在于全是爸爸亲笔书写的手稿及亲自搜集挑选的照片。爸爸的字写得很小，真是下了大功夫。我不懂出版的事情，但好歹认识一些印刷界的朋友。我请教台湾的朋友杨达天应该怎么办，他给我出了个主意说，“赵总，你要真心给老人出一本书，了却他的心愿，我给你设计。”我很高兴杨总给我帮忙，接着他开始打字、排版，还帮我把书给印了出来。爸爸还是不满意，念叨书里还有错别字。唉，天哪！我也不太高兴爸爸老是挑毛病，但不管好坏总算是完成了爸爸的一个心愿。

爸爸的自传完成了，回老家这件事就成了爸爸的头等大事，也是我们的头等大事了。

爸爸的劲头可大了，我们开始准备回老家的礼物。俗话说，山西有三宝：好酒、好醋、好饼，即汾酒、老陈醋及双合成的点心，这都是爸爸要带的。主要的三种礼物都准备好了，其他的就是盒装的保健品了，整整准备了20大箱。我的司机王辉文开着一个大面包车，载着山西“三宝”就出发了。

爸爸和我们兄妹四人，还有我大嫂，老公寅生，女儿翘妹和外甥飞飞也都去了。全家近十口人，浩浩荡荡地回河北黄骅市城关镇大街北村老家看望祖先和亲人。到了老家，先在老叔的儿子光华哥家落脚。来看爸爸的人络绎不绝，热闹极了，有叫大伯的，有叫舅舅的，有叫姨父的，有叫爷爷的，也有叫老舅的……我实在分不清爸爸有多少辈分，有多少头衔。只见爸爸拿出钱来给这个一百，给那个五十，还有给更多的。对于亲戚，爸爸有给酒的，有给醋的，还有给点心的，搞得我眼花缭乱，目不暇接。

爸爸每天都乐呵呵的，这个亲戚家出来，那个亲戚家进去，别提有多高兴。这真是告老还乡，亲不亲故乡人呀。那些日子，爸爸走起路来真像年轻人一样。

秀文表姐还带爸爸去了黄骅市博物馆。爸爸有说有笑，滔滔不绝地给我们讲述老家的历史和他小时候的故事。现在想起来，那真是一种享受，也是唯一的一次听爸爸轻松地讲解他的故事。

爸爸回老家河北探亲

爸爸学历虽然不高，但知识还不浅，知道的事情还很多很广。爸爸在老家整整逗留了一周时间，心舒展了，心愿实现了，梦想成真了。

回到老家，更重要的一件事，就是爸爸带我们全家到赵家祖坟上磕头尽孝，上香行礼。先是老老爷爷、老老奶奶，老爷爷、老奶奶，爷爷奶奶，大伯、三叔，几辈先人等。爸爸哭了，他说：赵家有今天，全靠祖先行善积德，为子孙后代做了很多好事啊，我们家才有兴旺的今天。

爸爸也带我们到小六间房姥姥家坟上磕了头，行了礼。坟上只有姥姥、姥爷、舅舅。我们哭得都很伤心，看到姥姥就更想妈妈。妈妈小时候在河北黄骅市一个偏僻小村里生活，真是不容易。姥姥去世后，没有母亲在身边，妈妈有多痛苦啊。可是，妈妈从来没有给自己的儿女倾诉过，只是自己默默地忍受着痛苦。而爸爸回老家最大的心愿就是让我们儿女认祖归宗，孝敬祖宗，以身育人，传承精神，延续香火。

爸爸开心了，任务完成了，心愿了结了，我们也完成了一件大事。

三个代表

2003年3月，一天中午，我回家看望爸爸。午饭一过，爸爸坐在沙发上问我，晋啊，爸爸问你一件事，你给我讲一下，江泽民总书记讲的“三个代表”是什么？

我脱口回答：“爸爸，三个代表是水表、电表、煤气表。你90岁了，看好这三个表就行了，国家的‘三个代表’不是你要知道的。”

爸爸大笑了起来，我也跟着笑起来，我笑自己无话可说了。

爸爸滔滔不绝地给我讲起了“三个代表”的重要性，并且嘱咐道：报纸上登得很清楚，你要好好学习，把党的精神传达到双合成每个职工心上。

其实，“三个代表”的重要思想，双合成已经多次组织党员学习，其重要性我当然清楚。我那么说水表、电表、煤气表是故意逗爸爸的，也是试探爸爸是否知道“三个代表”的重要思想是什么。没有想到，我的试探失败了。

关心国家大事

爸爸说：江泽民总书记2000年2月25日在广东省考察工作时，提出了我们要树立“三个代表”的重要思想：第一是我们党始终代表中国先进生产力的发展要求，第二是我们党始终代表中国先进文化的前进方向，第三是我们党始终代表中国最广大人民的根本利益。“三个代表”的重要思想是我们党在新世纪到来之际，在新的历史条件下，全体党员、干部都要深刻思考的重大课题，事关全党全国工作大局，事关党和国家的前途命运，是我们党的立党之本，执政之基。

爸爸说：“你听清楚了没有啊，晋？”

“爸爸，我听明白了。”我回答着。

我真佩服爸爸，爸爸是一个非常爱学习的人，每天要干的事情就是看报、看书、看电视。国家的重大事情他全知道。看到报纸上的数字，爸爸过目不忘，特别是关于双合成的事，只要在报纸上刊登，爸爸都会剪下来，贴在本上，做好索引，送给我。我对爸爸的评价是：爸爸一生没机会入党，但他是我党“最优秀的党员”之一。

九十大寿

爸爸快九十岁了，该给他老人家好好过个生日了。太原有个说法，老人的生日一般要抢着过，不能恰好或推迟。

怎样给爸爸过九十大寿呢？其实，那年爸爸88岁，别人说天地各 岁，正好九十岁。我突然有个想法：与其人不在了，大家都来，不如老人活着的时候好好给他过个生日。一是让爸爸高兴一次，二是我们家的亲朋好友，包括远道从老家来的亲戚与爸爸还能欢聚一堂，何乐而不为呢？况且，做儿女的，这也是一次尽大孝的机会。为什么让机会眼睁睁地从面前失去呢？这样的失去以前还少吗？

我把自己的想法和两个哥哥一讲，他们非常同意。于是，我就计划在离柳巷双合成总部不远的西山酒店给爸爸过个既隆重又不铺张的九十大寿庆典活动。我只邀请亲戚和我身边几个要好的朋友。可是知道的人都来了，老家华哥、华嫂、德生、玉兰、秀云大表姐、秀文二表姐等都来了，这是爸爸最高兴的一次。

爸爸九十大寿

那天，我们没有请锣鼓队，也没有搭拱门，酒店有啥就是啥，根本没有特意的布置和安排。唯一能让别人看出来是给爸爸过生日的是一个大蛋糕，因为我就是做蛋糕的。许多人家的老人过寿，我都做了蛋糕，自己的爸爸过大寿，而且是九十大寿，做女儿的摆个大蛋糕也并不铺张吧。

那天，天气好得不得了。天气晴朗，几朵白云慢慢地飘动着，俯视着人间发生的一切。爸爸身穿红色的中式唐装，再加上银发衬托，显得很年轻，根本不像九十岁的老人。爸爸很精神，说话底气十足，条理也很清晰。爸爸很慈祥，见到前来祝贺的人就道谢，总是双手合拢， 给予致谢。

这天我们还要上班，所以，庆典活动简单、庄重、喜庆、和谐。

爸爸坐在一张太师椅（酒店临时搬来的）上，头上戴着双合成的生日帽，脸上荡漾着笑容，眼里散发着兴奋，双手放在腿上，一副老寿星的样子。我们兄妹们依次双手合十，先给爸爸说“福如东海，寿比南山”之类的祝福话，然后每人虔诚地给爸爸鞠三个躬。

我看着爸爸的脸上不仅是喜悦，还有一点点复杂的表情，可能是爸爸看着我们兄妹、媳妇、女婿，还有儿孙、外甥给他拜寿，心里特别高兴，同时又想着我猜不到的心事。

我给爸爸拜寿时，眼里泛着泪花，心里也很复杂。高兴的是给爸爸过九十大寿，能给爸爸尽大孝，可此时又想起远离我们的妈妈。如果妈妈还在世，也能和爸爸一起坐在这里，我们给两个老人一起祝寿，那又是什么样的心情?

总之，这是高兴的日子，笑意洋溢在每个人的脸上心上，所以，我从复杂的心情走出来，拜完寿，再和爸爸来一个最美好的拥抱。

亲戚朋友都以鞠躬给爸爸拜寿，爸爸总是以笑容回敬大家。

我看到，在我们拜寿的时候，在场很多人流露出羡慕的目光，有的人还擦着眼角激动的泪水。大家对爸爸九十大寿除了祝贺祝福，更多是希望爸爸长命百岁，寿比南山。

切蛋糕开始了，爸爸戴着生日帽子，在《祝你生日快乐》的音乐声和大家的齐唱声中，轻轻地吹灭蜡烛，慢慢地举起刀子向蛋糕切了第一刀，瞬间，全大厅里掌声四起，热烈祝贺爸爸九十大寿。

整个活动连吃饭也没有用了两个小时，爸爸一直处在兴奋之中，沉浸在无比幸福之中，他时不时地招呼这个吃好，那个喝好，还要答谢前来敬酒的亲朋好友。

爸爸就是一个这样的人，一辈子都对人热情，对人尊重，一辈子都慷慨解囊，乐于助人，一辈子都充满阳光，光明磊落。

九十春秋，九十华诞。我们衷心祝福爸爸健康长寿，祝福爸爸开心快乐，祝福爸爸永远是一棵不老松。另外，我还要告诉妈妈，您放心吧，爸爸有我们照顾，有我们孝敬，有我们的爱父之心，爸爸晚年一定会很幸福。

爸爸走了

山西省政协第十一届第一次会议于2013年1月28日中午闭幕。大会刚刚结束，我在晋中市省政协委员的聚餐会上草草吃了一口，就提前离席，驱车赶往河南林州市河顺镇西理村，参加双合成的大贵人林州建总集团李院生父亲的追悼会，心情格外沉重。看到又一位老人安详地离去，仿佛看到我的爸爸，我的眼泪不由得流了下来。爸爸走了，瞬间就不讲话了。爸爸躺在医院的病床上，刚才他还握着我的手，叫了一声“晋啊”……

我着急地说：“爸爸你一定挺住啊，120马上就到了。”

只见爸爸大口喘着气，讲不出一句话来。爸爸有多少话要讲啊！120到了，看到爸爸病危的情况无奈地走了……

我大声叫着：“爸爸，爸爸，你挺住啊，我再叫120来啊！”

120快速地又一次赶到山西省第二人民医院三楼的病房里，爸爸喘气更急促了，我顿时明白了什么是“叫天天不应，叫地地不灵”。我的天啊，谁来救救我爸爸，谁来救救我爸爸呀！

我手忙脚乱，天昏地转，不知道到底发生了什么。上午爸爸还好好的，只是有点感冒，全爱阿姨陪着爸爸有说有笑地走到医院输液。由于医生的失职，竟让爸爸走上了不归之路。我眼睁睁地看着爸爸闭上了眼睛，撒手不管我们了。

爸爸走了，看着爸爸和往常一样熟睡的神态，他还是那样的安详，那样的慈祥。妈妈走后爸爸一直是我的精神支柱和前进的动力。爸爸走了，我瞬间感到了孤独，瞬间成了一个孤儿，成了无依无靠的孤儿。

遗憾

2005 年 5 月，双合成和宝地开发商就柳巷双合成拆迁一事，正式签订了房屋拆迁协议书，双合成公司总部也因此搬迁到了太原市北大街5号。

当时，这个地方还在装修。爸爸高兴地告我：“等双合成装修好了，我要去看看新的双合成总部。”也正是这件事，让我体会到世界上的任何事情都有不确定的因素。

我本计划 5 月份将北大街双合成装修完，6 月份陪爸爸最后一次回河北老家去看望家乡的亲人。

6 月 3 日早晨，我奇怪地梦见妈妈想吃蛋糕，爸爸想吃饺子。这个梦到现在我还记得很清楚。我高兴地给妈妈送了个 3 寸的小蛋糕，给爸爸端出一盘热腾腾的饺子。

梦醒了，我感觉不是好兆头，双合成的老姐妹张鹤玲一早就来到我家。我马上就告诉她这个梦，并且还追问了一句：“是不是我爸爸不行了？”据老人说，梦见吃饺子，就是要生气了。

那天上午，因装修北大街的事和台湾策划大师杨达天、建筑设计董事长胡工、双合成常务副总顾红文一起商量关于设计的事，我的心一直忐忑不安。原本计划上午办完事就去医院看望爸爸，中午快一点半了，我们才到新建南路的陈家拉面馆吃了一碗面。真是无巧不成书啊，我的手机几乎每天都在手里拿着，就这一阵子，我把手机放在包里了。所以，家里二哥、全爱阿姨他们一直给我打电话，就是没人接。他们急得团团转，我却一无所知，真是一切事情都是自然发生的，冥冥之中好像老天安排似的。

我们吃完饭，刚走到饭店门口，顾红文就接到电话，说是家里有急事。我拿上电话，就听到司机刘斌说："经理，你爸爸病危了。"

我慌了，连哭带跑地跑到马路对面，开上车就往山西省第二人民医院跑。一口气跑到三楼病房，只见爸爸喘着气，见到我，叫了一声"晋啊"，握了一下我的手，就再也不能讲话了。只见他大口喘着气，已经再也说不出话了。那声"晋啊"也就成了爸爸临终前的最后一句话。

爸爸走了，就这样离开了我们。我已感觉有不好的事发生，但又无奈，因上午确实有要事商量，可我万万没有想到可怕的事情会来得这么快，也许这是命运的安排。我真的才明白，只有活在当下，活好当下，随时发生的事是无法掌握在自己手里的。因此，我常说，"命运是掌握在自己手里的"这句话是不全面的，是不能涵盖死亡这一事件的。

爸爸出殡的那一天，没有设计，没有策划，没有安排，但结果又是巧合，送殡的车队恰好路过北大街。也许是冥冥当中，爸爸要完成他来双合成新总部看看的愿望吧。当灵车缓缓地经过北大街 5 号双合成时，我真是撕心裂肺，痛苦万分。爸爸带着两个没有完成的愿望遗憾地走了：一个是回老家转转，一个是到北大街看看。

一切事情都是自然发生的。表面看似偶然，其实都是必然的。

现在我能说，爸爸已经来过北大街双合成总部了。爸爸的灵魂也来过北大街 5 号了，爸爸心安了。因为他一直祈祷双合成兴旺发达，他的灵魂一直在保佑双合成事事平安，健康发展。

我也能告诉爸爸：爸爸您放心吧，双合成一定会迅速发展的，女儿一定不会让您失望的，为您争气、争光是女儿锲而不舍的追求。

常青树和仙人掌

爸爸自小喜欢养花养鸟。他养的花太多了，6 平方米的阳台上全部都是各种各样的花，20 多平方米的客厅里除了放沙发的地方，几乎走不过去人。最危险的是有一次刮大风，竟把放在五楼阳台上的花盆连盆带花刮到了地上。幸亏当时没有行人，没有造成意外，现在想起来真是太可怕了。

当时，爸爸也吓坏了，自己动手把整个阳台用铁丝缠了好多圈，防止花盆再掉下去。可不能再让花盆掉下去，要是砸坏了人，那可就闯下大祸了。

爸爸走后，家里的常青树、仙人掌、桃花、菊花等等，谁想要谁就拿。妹妹光春、侄儿赵鹏等都拿上回家养着以作纪念。

我一盆也没有要，因为看见它们就会想起爸爸，爸爸是爱花如命的人，看着花，我就难过。

一晃多少年过去了，我因双合成工业园区建在晋中，为了方便搬到了榆次的文教城居住。妹妹光春为了祝贺给我送了两盆花，而且是爸爸养的花。一盆常青树，一盆仙人掌，这个礼物让我惊喜万分，我仿佛看到了爸爸妈妈的身影，感受到是两位老人也来祝福我乔迁之喜。

我每天看到这两盆花，都要问一声：爸爸妈妈好！

这两年，两盆花又长大了长壮了，它们成了我的伴侣，这也是我心中最大的秘密。我也为这两盆花——常青树和仙人掌——祈祷祝福，为天堂里的爸爸妈妈祈祷祝福。

爸爸震撼了我

妈妈 1997 年 3 月 27 日走了。

有一天，爸爸对我讲，“晋啊，你妈走后我有两件事要做，一件事是想回趟老家看看，你什么时候有空提前告诉爸爸。”

爸爸说着说着就哭了。爸爸为什么经常哭呢？我根本理解不了爸爸的内心世界。外在世界是内在世界的一面镜子，但那时，我不懂如何去聆听爸爸的语言以及心里话，更不懂得体贴爸爸，说一些安慰的话，只是不耐烦地回答，“好吧，我陪你回老家。”

“另一件事是爸爸要写一本书，书名是《回顾八十年的人生路》，写好以后你给爸爸印一下。”

我不懂印书是怎么回事，还是胡乱答应着爸爸。他想干什么就干什么吧。

今天，在从北京到美国旧金山的 WU888747 飞机上，我真是忙得静不下心来。一会儿外孙久久要电脑，一会孙女 Daphe 要面包，忙得我不

第一章

贫寒的童年

第一节．家庭人口和经济状况：我的父母和兄弟姐妹（六人）共八口之家。当我记事起，听我二伯父说过：在我祖父时代，以种地读书为本，家道比较殷实；后因土地纠纷涉讼败家，家产几乎荡尽，所剩土地有限；我父兄弟五人，我家只分到耕地二亩，耕种自食，还不到温饱程度，仗着去南乡闯半；加之人口继续增加，口粮进入朝不保夕的境地，一次我长兄金海借粮碰壁，回家后抱住我娘痛哭，并提出弃学出外谋生；这使年仅十三岁的长兄随父远走数千里的黑龙江的海拉尔（大赉县）学商谋生；行前并将仅有的二亩耕地当出，所得典金，大部充作路费，所余少数留家买粮，以维持母子女五（六）人生活，总之，已陷入绝境边缘！

第二节．八岁时和朋友讨过饭：我记得八岁的那年春天，正值青黄不接的时候，因粮食断炊，无法求借无门，娘使我娘和老婶子商定：让我和老婶家的朋友弟结伴外出讨饭，免受饥饿之苦；开始我俩一怕丢人，二怕狗咬，经过一番斗争，深感挨饿难忍，才勉强拿着饭碗、木棍和布袋沿街挨户讨吃要饭；直到麦收季节开始，才停止讨饭，改到麦地拣拾麦穗为生。唉！讨饭的滋味也是苦不堪言的。

第三节．我叔祖父母（我的老爷爷老奶奶，是我亲叔二叔的父母）对我家的关怀和照顾：

二〇〇一年四月七日，爸爸写完他自传的最后一个字亦乐乎。我对他俩说，“你们不能打扰姥姥奶奶了，自己玩吧。”

他俩一一答应着。

我翻开爸爸写的《回顾八十年的人生路》，首先看到的是赵静远（学名金洲）简历这一章，开篇的第一句话就是，“我八十八岁了。”“八十八岁”有力地震撼了我，88岁绝对是高龄，是多少人梦寐以求的年龄。

飞机正在颠簸，我无法正常地写字，只歪歪扭扭地画着，好让我的思路不要中断。飞机还在颠簸，我仿佛看到爸爸的人生就像颠簸的飞机在人世间不停挣扎……88年是段漫长的日子，88年是段煎熬的日子，88年是段由苦到甜的日子，88岁写自传的人我不知道有多少，但我想应该不会太多，也许是寥寥无几。

可想而知，爸爸是个意志多么坚强的人，他竟然在88岁高龄的时候，仍坚持每天伏案写他的自传，记载近一个世纪的变迁与发展。他个人的历史就是一个国家发展史的缩写，难怪一位作家朋友说：“赵总，你爸爸这本书很重要，对我们研究历史有很重要的参考意义。只可惜印刷得太糟糕了，建议你在父母百年诞辰之际，重新给父亲出版一下，这才是对父亲真正的孝敬。”

爸爸在88岁时，思维基本上清晰，耳不聋眼不花，一气呵成写了十万字的自传，这充分证明了爸爸有坚定的信念，具备“不死的精神”，这就是爸爸88岁的精神。

“姥姥我要喝水！”

“奶奶我也要喝水！”

“姥姥，飞机还不到？我一会儿热一会儿冷！”

呼唤姥姥奶奶的声音又叫了起来。

参加「国庆大典」

爸爸参加过“国庆大典”，真让我感到震撼，这也是我看爸爸自传的第一大收获。今天是2013年10月1日，正好是中华人民共和国成立六十四周年纪念日，总书记习近平等新一届国家领导人冒雨前往人民英雄纪念碑敬献花篮。这让我想到新中国成立以来六十四年的光辉历程，五代领导人毛泽东、邓小平、江泽民、胡锦涛、习近平的伟大创举，中国经济的繁荣昌盛，正逐步实现的中华民族伟大复兴的中国梦。爸爸目睹与经历了四代国家领导人的时代变化：从抗日战争、解放战争到新中国成立，到祖国建设。他由一个穷孩子到离休干部的经历，也是新中国大变化大发展的真实见证。

爸爸在书上是这样写的：

我奉派去京参加华北总社主办的华北物资交流会，任山西代表团团长，临汾工商界郎士臣任副团长，山西代表40余人，住前门外粮店街。我荣幸地被指定参加1952年10月1日国庆三周年大典，并戴上发给的

一九五二年国庆

印有金光闪闪的“国庆大典”四个金字的红绸胸徽，指定站在城楼下右侧的站台上观礼。我亲眼看到毛主席站在天安门的右侧，手拿黄绿色将军帽向游行队伍挥动示意，盛况是空前的，我有幸亲眼看到伟大领袖毛主席，感动得我眼含热泪。

为报答党和人民给了我第二次生命的大恩大德，我坚定意志，下定决心永远跟着共产党干革命。

在几十年的工作中，一贯兢兢业业，艰苦奋斗，披星戴月，早上班晚下班，一心扑在工作上。为完成领导手上交办的紧急任务，我工作中先后休克四次之多，任劳任怨，遵纪守法，德谦自持，按时完成任务。

爸爸继而深刻回忆：

在几十年的革命工作中，可以说忠心耿耿，问心无愧。因此留教子孙后代，做人忠实正派，苦读文学，重视科技，提高社会主义的思想理论，充实爱国爱民的坚强意志，把具有中国特色的社会主义祖国建成民富国强的伟大祖国，站立于世界强国之林，使十二亿炎黄子孙在伟大光荣正确的中国共产党的领导下，安居乐业，国泰民安，齐声歌唱没有共产党就没有新中国的胜利凯歌！

爸爸激动洋溢的心情，心潮澎湃的干劲，足以证实了他血性男儿的雄心壮志。

毛主席不是所有人都能亲眼见到的，参加“国庆大典”也是很多人望尘莫及的，爸爸参加“国庆大典”的荣耀是我们家族的自豪和骄傲。

古人云

爸爸在《回顾八十年的人生路》里曾这样写道：

儿孙后代们："以读书劳动为本，并遵照古训：清廉持家久，重德子孙昌。"要按照郑板桥的名言"秉德无私，谨言慎行"的训言行事。同时必须做到，遵纪守法，生活上艰苦朴素，勤学苦练，走向兴旺发达之路。"

爸爸在后记上这样写道：

古书云：人生五十，当知四十九年之非，在世百年哪有三万六千日之乐。

郑板桥老前辈一生为官清廉，爱民如子，弃官为民后，两袖清风，一贫如洗。他的处事格言是"秉德无私，谨言慎行"，"难得糊涂"也是他的人生哲学。我记得初小第五册修身首页说宋朝名相范仲淹夜寝时，回忆每天处理的事务，凡是处理得不当或做错的事情，都要严格检查，坚决改正，真正体现出严于律己，宽以待人的人生态度，被后世传为美谈。

郑板桥

毛主席也教导我们说，“一个人做点好事并不难，难的是一辈子做好事，不做坏事。”

在少年时代，外祖父（贾祯祥）和慈祥善良的亲娘（赵贾淑贤）教导我说，“人生不怕穷，要穷出个志气来，再穷也不能偷人家，摸人家。”由于上述古训和家教，牢记在心，爸爸在以后七十多年的人生旅程中，基本做到了“为人宽厚，严己宽人，艰苦朴素，助人为乐，做一个遵纪守法、公正善良的人民公仆”。

的确，爸爸妈妈做到了为人宽厚、严己宽人、艰苦朴素、助人为乐、遵纪守法、正大光明，给我们树立了光辉的榜样，堪为子孙后代的楷模。

爸爸妈妈一生品德高尚，我深感差距很大。我一定要在今后努力加油，教育子孙遵照赵氏家训，“清廉持家久，重德子孙昌，秉德无私，谨言慎行”，做一个对国家、对社会有贡献的人。

风雨人生

爸爸是这样看待和对待人生的（这对60岁的我来说，在教育子孙方面颇有借鉴意义）——

人的一生在历史长河中是短暂的，而在个人奋斗中却是漫长的，复杂多变的。有的人一帆风顺，一路坦途，丰衣足食，青云直上，这只能说是世间的幸运儿，是极少数的。还有一种人生，则是曲曲折折，风吹雨打，随地漂流，饱尝人世间辛酸和冷暖，这叫风雨人生。

我属于后者，一路走来颇为不易。如今社会好，国家制度好，共产党领导得好，使我晚年生活如此美满幸福，我打心眼里感到高兴。虽说我现在已经步入了老年，赋闲在家了，但静下心来总结一下我这风雨人生，留下笔墨记载自己的甘苦，既可安慰我老有所乐的心，又可为儿孙敲下警钟，激励其斗志，不也很有意义吗？

爸爸出生在清皇退位、民国新立、军阀割据、内战不休、兵兴匪患、抢劫掠夺的年代，出生在渤海之滨河北省盐山县韩村。生活在那里的人们普遍具备吃苦耐劳、坚韧倔强、敦厚善良的性格，那个地方深深地感染着爸爸，给了他生存的力量。

爸爸的父辈那一代，祖上只留下两亩薄田。天灾人祸迫使爷爷把家中两亩保命田典当做了路费，带着年仅13岁的大伯，一道远去黑龙江省海拉尔边境从商（做学徒）保命去了，而给一家人讨生计的重担则落在奶奶和爸爸身上。那时爸爸年纪很小，只能乞讨要饭，野菜充饥，艰难度日。家里还有（我）三个姑姑、一个叔叔要活下去，无奈之下，刚满17岁的爸爸在一个大雪纷飞日子里，含泪辞别亲人，背井离乡到了河北省昌黎县东北军当兵，每月发的薪饷，除留下买袋牙粉的钱外，全部寄回家里，以维持一家老小的生计。

幸运的是，爸爸9岁那年曾接受启蒙教育，小小的心灵打上了儒家烙印，萌发了尊孔崇儒的思想。但由于家庭生计所迫，爸爸不得不中途辍学，担负起养家糊口的重担。爸爸因此经常感慨地说，“所以人之奔波不息者，诚为之必要所驱使，故本于生存而活动者，即人生真谛。”

1936年爸爸到了天津，在河北省南运河河务局工作，这里有北宁铁路局共产党地下工作者，他们引导爸爸学习了《十月革命》《共产党宣言》，爸爸开始受到革命思想的熏陶。

1936年春，日寇攻占县城，爸爸携妈妈等亲人外逃。后因粮绝又回到家乡，为了生计，经当地绅商推荐，去了日伪统治的基层工作，期间先后给解放区县政府送了钢板、蜡纸、文具等奇缺用品。

1947年，爸爸在北平军闻分社谋生。

1949年1月22日，爸爸参加了北平解放，同年考上北平华北人民革命大学学习，7月结业来到太原。

1987年12月，爸爸在山西省农业生产资料公司离休，先后经历过“三

一九四九年

一九八九年

二〇〇四年

反”“五反”“审干”“肃反”、反右派、大跃进、三年困难时期和十年“文革”，风风雨雨，坎坎坷坷，爸爸经受住了党和人民的考验。

爸爸一生不图其他，只为一家人平安度日。正如爸爸所讲：值此太平盛世，回首我风雨人生，写成《回顾八十年的人生路》，以不忘前世，永记党恩，并以昭示子孙，教育后人。这就是爸爸的祈盼。

寻找英雄

山西省晋中市左权县是中国革命摇篮之一。

左权县过去称“辽县”，因抗日战争时期八路军副参谋长左权在这里牺牲，人民为了怀念左权将军，将辽县改为左权县。

2013 年 2 月 18 日《北京晚报》报道，在山西左权县桐峪镇莲花岩，发现了 84 位 1939 年牺牲在八路军总医院的一二九师伤员死亡证明档案，距今已有 74 年了。档案中共有 32 位山西籍英雄。《北京晚报》在全国发起寻找烈士亲人的活动。

让 32 位山西籍英雄回家，让英雄的家人得到慰藉，是双合成人义不容辞的历史责任和神圣使命，是双合成感恩理念的进一步延续，也是双合成又一次爱国主义活动。

看到《北京晚报》的报道后，双合成专门召开党政联席会，号召全体员工立即行动起来，动员各种力量，开展寻找 32 位山西籍英雄家人的活动。我从广州专程回来，投入到寻找英雄家人的活动中去。

和双合成娘家早餐公司的马淑蓉、王爱红、胡旭凯、王燕萍等人驱车赶往左权县莲花岩，已是晚上 9 点钟了。

这里的郭乃文老总非常热情地接待了我们，专门给我们做了当地的小米干饭。《山西日报》资深记者田九星告诉我，小米干饭也叫“茁壮饭”，左权有句老话，吃了茁壮饭，踊跃上前线，吃了茁壮饭，杀敌很勇敢。我想，我们吃了茁壮饭，明天奇迹会显现。两位英雄在左权，魂归故里定实现。

一大早，我们乘两辆大车，十多人浩浩荡荡、风尘仆仆地奔向杨家庄上庄村，寻找战士王金马和小战士宋喜成的家人。60 多公里的盘山道弯弯曲曲，只能走一辆车的小路却挡不住我们前行的决心。到了杨家庄村，几乎看不到人。我们在莲花岩韩总带领下，找到一位 93 岁的老人连三鱼，她满脸沧桑，满面皱纹，但身体还很硬朗，眼不花耳不聋。她告诉我们不认识王金马。我们拿出双合成的点心、蛋糕给老人家吃的时候，她哭了。我给了她 200 元。她推着我说：“不要，不要，你们都是好人，你们都是善良人。”我们走时，老人家还下了地，送我们出了门，真是个慈祥的好老人啊，就是家里太穷了。

我们又找到两位 70 多岁的老人，他们说村子里只有三户姓王的，已经都不在了，也都没有后人。看来战士王金马的家人已经找不到了。我们接着又找第二个烈士宋喜成家，他也是上庄村人，我祈祷上帝一定帮我们找到他的家人。

到了上庄村，一位叫姚李林的国家干部接待了我们。他说村里有两家姓宋的，有一个叫宋炳成，是一位 73 岁的老人，他的爸爸弟兄三人都当兵了，他爸爸在郑州当兵后来到了新疆，他三叔在广州当兵，就是二叔不知下落。我们一起到了宋大爷家。老人住的房子还是当时的冀南银行印钞厂旧址。房子很旧，已经有一百多年的历史了。家里也很穷，炕上只放着几床被子。说到他二叔时，他哭得很伤心。

夜深了，我们住在明星农庄。这里只有我们几人住宿，外面静悄悄的，只有微风吹拂门帘的声音。我一人在房间奇怪地想起爸爸，想起他小时候的革命行动——

1931 年，17 岁的爸爸在一个寒风怒吼、大雪纷飞的日子里，辞别了慈母和家人，背井离乡，开始了人生的艰辛日子。

1936 年，爸爸到了天津，在河北省南运河河务局工作，认识了北宁铁路局共产党地下工作者于策和天津中山女中杨敬儒等革命志士，开始阅读《十月革命》《共产党宣言》等革命书籍。

1937 年，爸爸在日伪统治下的一个县城关区公所工作，在那时，曾多次秘密通过中孙村的张志儒、王泽如，给解放区县区政府送过新海县地图、钢板、蜡纸、油墨、文具、纸张等紧缺用品。

1944 年冬，县武委会主任傅近民等三人到天津为八路军采购药品和电器材料，急需良民证三张，爸爸及时为其解决，并亲自送交，不误持用。

1947 年 4 月，爸爸到北平军闻分社工作，专事文书、刻蜡版、写毛笔字、总务等工作。

1949 年 1 月 22 日，35 岁的爸爸参加北平和平解放，他属于起义人员。同年 4 月，爸爸考入华北人民革命大学。同年 7 月，集体乘专车来到太原，经市委组织部分配到山西省供销社业务科工作，直到 1987 年 12 月，在山西省农业生产资料公司离休，享受县处级待遇。爸爸在省农业生产资料公司连续工作达 39 年之久，为报答共产党的恩情，爸爸兢兢业业、勤勤恳恳，对党忠心耿耿，工作一丝不苟，任劳任怨，尽职尽责，遵纪守法，无私奉献。

他的行动和努力工作得到了大家的好评，也经受了党和人民严峻的考验，最后光荣离休，成为一名离休干部。

1952 年 10 月 1 日，在庆祝中华人民共和国成立三周年的大会上，爸爸光荣地参加了国庆大典，并佩戴有“国庆大典”四个金光闪闪大字的红绸胸徽，站在天安门城楼右侧的观礼台上，亲眼看到毛主席站在天安门城楼的右侧，手里挥动着黄绿色将军帽向游行队伍致意。爸爸能在天安门观礼台上，亲眼看到伟大领袖毛主席，真是我们赵家无上的荣耀和光荣！

我就这样想着爸爸的一生，感觉到他也是我们应当寻找的英雄。

寻找英雄的行动仍在继续。

美国记忆

2013年10月6日，我带孙女孙煜馨（Daphe）、外孙刘宇航（久久），前往美国旧金山及拉斯维加斯参加美国国际烘焙大展。再次来到这些城市，我已没了往日的惊奇和震撼，只留下回忆。

早在2000年，我同公司高管林柏年、顾红文、孙寅生等人，曾前往美国纽约、华盛顿、洛杉矶、旧金山参观，访问，学习，时隔13年，我早已不记得此行的准确时间了，还是在翻阅爸爸写的那本《回顾八十年人生路》的书里看到了当时的一切。

爸爸是这样记载的：

太原双合成食品有限公司赵光晋总经理，受北京全国工商联邀请，于2000年6月18日，与公司其他成员赴京乘飞机到美国纽约、华盛顿、洛杉矶、旧金山、费城等城市参观访问，学习当地商业超市运作的成功经验，借以取长补短，改进本单位的经营方式，进一步适应满足广大消费者的需求，促进太原市的经济繁荣，提高本单位的绩效，为国家增长财税收入，可以说是一

一个人的时候

举多得。

赵光晋忙于参观访问中，仍不忘国内的年迈老父。为庆祝新纪元元旦，她不顾旅途疲劳，特于元月二十八日在美国纽约寄回封面印有“自由女神”的明信片，充分表达对老父亲的新年祝贺。原文如下：

中国山西省太原市赵静远爸爸收

TO：CHINA

山西太原菜园街省生产资料公司宿舍 030012

祝您老人家新春愉快，万事如意，心想事成，长命百岁，龙年大吉，龙年行好运，交好运！

女儿赵光晋

2000 年 6 月 28 日于美国纽约

我给爸爸从美国寄回的这张明信片，爸爸一直保存得很好，把它当成一个宝贝。对于女儿来说，寄张贺卡是举手之劳的事，但是，老人可不是这么想的，他要的是一种精神依靠，精神寄托。难怪爸爸常说：“晋啊，你可是爸爸的精神支柱呀！”

13 年了，我再一次踏上美国的土地，已没了往日的兴奋和激动，我想，美国再强大，还是中国好。思念爸爸妈妈的心情又一次被唤醒，历史就是最好的回忆，时间就是最好的见证。

这次我想到的只是爸爸，想着他那样牢牢记住我赴美的一切，而我这个女儿……爸爸的自传我竟12年都没看过一眼！

一张小纸条

“树欲静而风不止，子欲孝而亲不待”，这是爸爸最后给我留下的一张小纸条。我傻傻的，不知道是啥意思，拿上顺手放在家里的抽屉里。万万没有想到这就是爸爸的遗言，爸爸是在暗示我，他的日子不多了，可是我竟然没有理会，一想起来我就心如刀割，痛苦万分。

那是2005年5月份，我要到北京301医院看病，走时去看望爸爸。爸爸从他的卧室里走到客厅，手里拿着一张小条，“晋啊，这个条给你，你看看，你到北京开什么会呀？”我撒谎告爸爸我到北京开烘焙会需要十多天。爸爸说：“怎么开那么长时间的会？”我说，“是啊，开行业的会，讨论今后烘焙行业的发展，时间是长一点，等我回来到六月份，天气暖和了，我陪你再回趟老家。”爸爸高兴地笑着摸着我的头：“还是我的晋儿好！”爸爸忙着给我做饭去了。我自己还在想，爸爸这个大男人就是心粗，如果是精明的妈妈在的话，肯定就知道我在骗他们了。

我高兴地吃完饭，告别了爸爸第二天就坐火车到北京301医院住院了，

树欲静而风不止
子欲孝而亲不待

在北京的半个多月,爸爸很反常,居然没有给我打过一次电话,爸爸有个习惯,几乎每天都要给我打一次电话或几次电话，“晋啊，你腰没困啊，你可要保重身体，你可是爸爸的精神支柱啊！”爸爸几乎每次电话都要重复这句话的内容，它在我的耳朵里已经磨出老茧了。

可是这次到北京，爸爸竟连一个电话也没有，爸爸没给我打电话这事，我还和我的保健医生、我的员工张鹤玲提起过，爸爸没给我电话，那我就给爸爸打吧，我打过一次，爸爸还不在家，后来，我再也没有给爸爸打过电话。

也许和爸爸的缘分尽了，那一个多月，我竟然没有去看过爸爸。司机刘斌曾提示过我：“经理，去看看老爷子吧。”我却说，“北大街总部在装修，这两天忙，过几天去吧。”

6月3日，在医生不负责任的“关照”下，因医疗事故，爸爸突然撒手走了，竟连一句话都没有来得及说，走得是那么急促，那么无奈，那么无助！

“树欲静而风不止，子欲孝而亲不待”这张小纸条竟然成了爸爸最后留给我最珍贵的礼物。

当我明白醒悟的时候，一切都已经成为过去，成为憾事。

第二集

妈妈

赵太太

妈妈是一所好学校，妈妈是一位好老师，妈妈是一本好书。

妈妈是个小脚女人，那都是中国封建社会给女人带来的灾难。妈妈脚虽小，但志气高。她胸怀宽大，不爱讲话，继承了中国妇女传统的美德：勤奋、勤劳、勤俭、真实、真诚、真干、朴实、执着……她有一颗慈爱的心，真是一个有大爱的女人。

记得在文庙巷19号四合院里，我们家住在西房半间，一进门就得上炕。妈妈真是心灵手巧，为了生存，不知道她是怎么学会了裁剪衣服，给别人剪的衣服都很合适。那时家小，但家里来的人可不少，经常把家里挤得满满的，都是让妈妈裁剪衣服的街坊邻居。

妈妈裁衣服是不要钱的。我那时还小，只见不断有人拿走剪好的衣服，随手放下一毛钱，也有的扔下两毛钱，妈妈都要追出去，把钱再放到人家衣服兜里。妈妈就是这样，日复一日年复一年地做着这样的一件事——裁剪衣服，我真不知道妈妈一生无偿地给别人剪了多少件衣服。

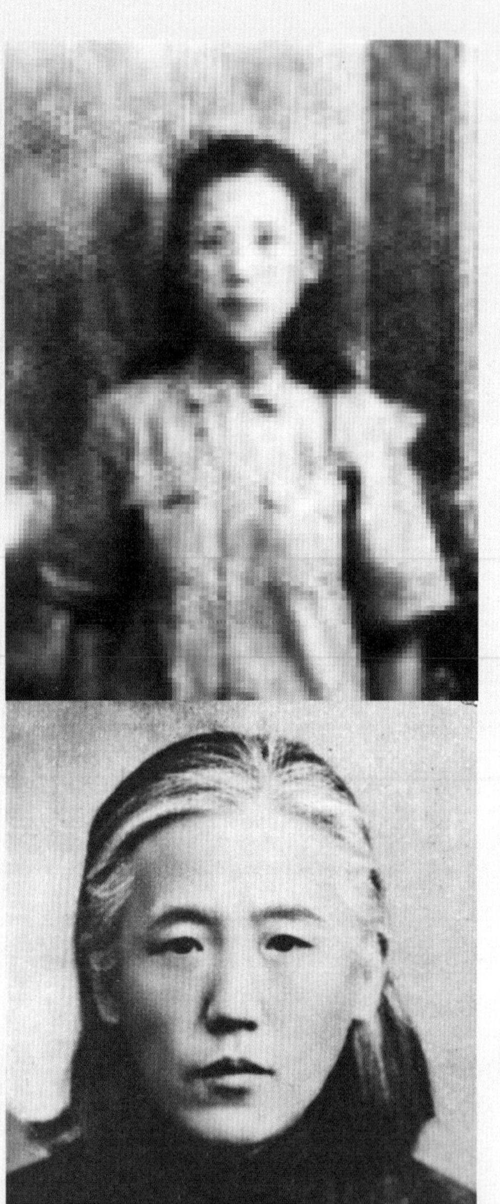

五十年代的妈妈

六十年代的妈妈

我还记得在那个年代，让妈妈剪衣服的人只要一进院就大声叫，赵太太在家吗？赵太太在家吗？我在院里玩，只见妈妈从大家共同做饭的小南房出来，一边在围裙上擦手，一边招呼客人进家开始量衣服。不多一会，尺寸就量好了，妈妈再把客人一一送走。妈妈天天重复着这样的事情，那时我只有 6 岁。55 年过去了，直到现在，我还记忆犹新。

妈妈是我终生学习的榜样，妈妈是我终生的好老师，她的一言一行，一举一动潜移默化地影响着我。

妈妈是我终生学习的楷模，妈妈送给我的是一本终生的好书，每翻一页，都有取之不尽、用之不完的生活智慧。

妈妈是我终生学习的力量，妈妈是我生活中永远毕业不了的大学校。她无私奉献的精神，她勤劳向上的精神，她朴实节俭的精神，她与世无争的品德，她孝敬长辈的品质，她的慈爱之心，她的大爱之举，她点点滴滴的生活智慧，就像太阳的光芒一样照亮着我的人生。

做布鞋

小时候，我们兄妹四人穿的鞋全都是妈妈亲手做的。每到晚上我们睡着了，妈妈就会在煤油灯下一针一线地纳鞋底，直到深夜。

那时候做一双鞋真不容易。先要“捻麻绳”，把麻皮儿一点一点地续上，再用捻麻绳的布条儿把一根一根的乱麻拧成麻绳。麻绳不能捻松，这个活是有一定技术含量的。捻得要紧实、要细、要匀，如果捻得粗细不一，那就没法用了。

麻绳捻好了，就可以开始做鞋底了。只见妈妈把不穿的旧衣服剪好，按我们脚的大小量好尺寸，再刷上浆糊，把剪好的布料一层一层糊上去，最后放在有太阳的地方晒干。

接着把新布剪好，铺放在上面，一双鞋底大概要十多层布，鞋底的周围还要用新白布围上边，只有这样，做出来的鞋才讲究才好看。

然后，妈妈就开始纳鞋底了。纳鞋底也有标准，先把鞋底的外边纳一个圈，再开始纳中间。一般是从上往下纳，纳到中间后，再从后跟开

我最喜欢的小红鞋

始往上纳，纳到中间就接上头了。鞋底纳得总是密密麻麻的，针脚还必须均匀好看。每一针都在上行两针的中间。鞋底纳好了，就像一幅漂亮图画。

鞋底纳好，就开始做鞋帮了。鞋帮相对简单一点，也是一层一层粘好，再把新布放在鞋帮上，鞋帮一般是黑色的或蓝色的。我们女孩一般是花格的。鞋帮上妈妈会用新的白布滚一道白边，主要是为了好看。鞋底、鞋面做好了，再就是鞋面和鞋底要缝在一起，这样一双鞋就算做好了。

你别小看这双手工鞋，可是个大工程。妈妈就是用这么多道工序给我们一家六口人不停地做鞋，有现穿的，也有储备的。有夏天穿的凉鞋，有春秋穿的单鞋，还有冬天穿的棉鞋。妈妈不停地做鞋，每个人都有好几双备用的，全家就有几十双新鞋，都是妈妈深夜在油灯下做成的，现在想起来，妈妈真是太辛苦了，太辛苦了。

妈妈是个小脚女人，普通得不能再普通了。但是，妈妈点点滴滴的做人、做事的精神，却带给了我们无限的财富，真是取之不尽，用之不完。

我们兄妹四人穿上妈妈做的手工布鞋，在人生的道路上，迈着坚实的步伐，始终坚定地向前走。

美丽的纸桶

妈妈是个心灵手巧的女人。在我记忆中妈妈什么都会做，从做饭、裁衣，到劈柴、和泥、打煤糕，再到做老虎鞋、缝钱包、绣花、打毛衣……居家过日子的事情样样精通。

还有，就是现代人根本不知道的糊纸桶。妈妈糊的纸桶各式各样，糊好的纸桶作用各不相同，可以放面、放米、放针线、放布头。妈妈把废纸泡在盆里，待纸泡软后，拌上麻刀做成纸浆，再把纸浆贴在一个小容器上，如小缸、小盆什么的，再放在太阳底下晒。晒干后，把它拿下来，一个纸桶就做好了。总之，它们是万能桶，什么都可以装。有的像小缸一样高，就是长纸桶了。有的像脸盆一样，就是圆纸桶。

有时，妈妈还会让爸爸、大哥写上一些字，比如自力更生、艰苦奋斗……妈妈为了好看，还把我和二哥自己攒的很多烟盒贴在纸桶的外面和里面，就像棉袄的面子和里子一样漂亮。这样的纸桶不但实用，而且好看。

那时候，我们家到处都放着妈妈做的这种漂亮的纸桶

那时候，家里到处都放着大小各异的纸桶，就连我们兄妹四人放橡皮、铅笔的文具包，也是妈妈亲自做的纸桶。

那个时候，一是生活所迫，被逼无奈，二是妈妈热爱生活，肯动脑筋，生发智慧。在那个艰苦的年代，一个普通的家庭妇女，为了生活，会不断地想出各种办法，做出各式各样的日用品。

现在不同了，时代进步了，科学发达了，生活水平提高了，各种产品不断地创新，家家都有钱买各自所需。我岁数也不小了，再也见不到有人会做这些纸桶的活计了。70后及更小的孩子们根本就没见过那种纸桶，甚至没有听说过，更谈不上做了。

我现在还保留着妈妈做的那个写着“自力更生、艰苦奋斗”字样的纸桶。妈妈一生走着“自力更生、艰苦奋斗”的道路。

现在，国家富强了，人民富裕了。但是，我们仍然还得走这条自力更生，艰苦奋斗的大道，只有这样，家庭才能兴旺，国家才能强盛，人民才能幸福。

做棉袄

记得那是1963年的冬天，农历腊月初六，奶奶不幸去世了。

爸爸妈妈带着妹妹光春匆匆忙忙前往河北老家……妈妈带着妹妹，在老家一住就是半年光景。

当时，两个哥哥一个上中学，一个上大学，而且都是住校，只有星期天才回家，所以，爸爸妈妈让只有11岁的我独自在家看门。

不是我自夸，我是一个爱劳动、胆子大、又善于动脑筋的人。不信你看，爸爸妈妈走后，我放学后不但要打扫屋子，自己做饭，到了夏天，还把我和妹妹的棉袄拆了、洗了。

那时，我长个了，棉袄也短了，快不能穿了。礼拜天不上课，我就想起妈妈天天干活的样子，缝衣服的姿势，蹬缝纫机的情景，我就决定自己来做棉袄。

我看了看棉袄后，马上从柜子里找出一个包袱，找出里面的各种花布，有新的也有旧的，照着衣服的样子，肥、瘦、大、小，把四周接了2寸

妈妈是有名的裁缝

宽的布。剪好布又用很大的针脚把布和布缝起来，再絮上棉花，家里炕上摊了一大堆东西。就这样整整折腾了一天，我和妹妹的棉袄总算做好了，真有五颜六色、百花齐放的感觉，心里自然美滋滋的。心想，妈妈回来看了，一定会好好表扬夸奖我的。

妈妈回来后，我高兴地把棉袄拿出来让妈妈看，没想到的事情竟然发生了。

妈妈看了我做的棉袄，不问青红皂白就全给拆了。当时我哭了，撅着嘴心里一直在埋怨她。只见妈妈认真地用尺子把布量好，把布剪了下来，然后用缝纫机缝好，絮上棉花，不多会就把我的花棉袄做好了。妈妈是一个很要强的女人，宁愿自己吃苦也不能让她的女儿穿着很不合体的棉袄出来进去，丢老赵家的人啊。

妈妈从来不骂人，更不会打人，但是妈妈的做事方法是，她干你看，她说你听。她的这些语言和行动一直影响着我，对我的人生起到了很大的示范作用。

妈妈说："晋啊，你还小，做事一定要认真，要把每一件小事做好，多学点本事，要养成一个好习惯，将来走到哪都不会受罪。长大了，到了婆家也要多问多看，婆家人也不会小看你。你拆棉袄是件好事，妈妈应该表扬你，但针脚太大了，布也太乱了，五颜六色的布头缝到一块不好看，这个妈妈可以教你怎么做，只要你有本事，走到哪里都不怕。"

记得妈妈让我试棉袄时，正是夏天，很多大男人热得光着膀子，可我却穿着棉袄。我穿上棉袄不大不小正好，非常合适，妈妈笑了，我也笑了。妈妈当时的笑，是那么灿烂，那么甜美，那么满足。

我真佩服妈妈，一是妈妈的针线活儿做得很精细，街坊邻居常常让妈妈裁衣服、做衣服，而且做啥像啥，不比街上的裁缝师傅技术差；二是妈妈持家的能力很强，谁都不敢小看这个家庭妇女，她生活的智慧可多了。最难能可贵的是她宁可苦自己，也不苦别人，不让自己孩子心里受制。妈妈就凭着自己的手艺赢得了大家的赞扬，在我们宿舍前后方圆几里都是有名的能干小脚女人。

妈妈就是这样一个自信、自尊、自立、自强的女人。

劳模

妈妈个头最多只有一米五，每天除了烦琐的家务事以外，还在街道服务站干活。

妈妈常说："干活干活，只有干才能活。过去不干活不了，现在不干活不好。"妈妈虽然个不高，但是很精干，也很能干。她是个性格很内向的女人，但讲起话来却透彻爽快，句句是核心，字字有灵魂。干起活来更是不含糊，真是手一份，嘴一份，腿一份，无论在家还是在外，只要有活干，妈妈总是最先跑过去，抢着干起来。

我那时还小，真不知道妈妈在服务站里干的是什么活。我上学时，妈妈就到服务站干活了。我放学了，妈妈已经在家里做饭了。她就这样日复一日，勤奋地干着自己的活。在家挑水、洗衣、做饭，样样都干，特别是小脚妈妈挑上两只大桶，走起来桶里的水一晃一晃的，现在想起妈妈那样子，仍觉得既优美又可怕。

妈妈在街道服务站同样是不停地干，不论是缝麻袋还是做鞋垫儿，

她老人家笑得多开心

都是干得最好、最快的一个。妈妈还是街道干部，天天穿梭在居民家为他们排忧解难，调解纠纷，义务地做着那些婆婆妈妈的事，但是妈妈从不厌烦，从不抱怨。

天道酬勤，妈妈得奖了，当上了太原市的“优抚模范”，受到太原市政府文件表彰，当年的太原市市长岳维藩亲自给我妈妈颁的奖。

1966年5月，“文化大革命”运动开始后，爸爸被打成了“反革命”，囚禁了起来。那时妈妈天天活在恐惧当中，因害怕引火烧身，竟把劳模的奖状给烧了。

妈妈从来没有和我提起得奖的事情，她就是一位默默无闻、任劳任怨、吃苦耐劳、从不惹事、谨小慎微的中国妇女。

真是太可惜了。尽管我还不知道当时准确的情况，但妈妈当上“优抚模范”也是当时太原最高的荣誉了，奖状要是放到现在那该多好啊，就可以把它放在双合成的博物馆里。

妈妈是劳模，这也是我后来当上劳模后才听爸爸讲的。

爸爸说：“晋啊，你在接你妈的班，你妈当年就是劳模。”

劳模妈妈的精神深深影响着我一生，让我也走上劳模之路。

娘家

妈妈出生在河北省黄骅市狼窝小六间房一个小村子里。姥姥生了她们兄弟姐妹四个，妈妈有一个姐姐，一个妹妹，还有一个弟弟，住在村里的小四合院里。

我从来没有见过姥姥、姥爷，只听妈妈讲过，那时，姥姥家里太穷了，姥姥还因腿不好，靠一个小板凳托着走路、做饭。舅舅则喂了一辈子牛，在大队是五保户，曾经娶了个老婆是羊羔疯。

那时，家里也不知道，媒婆也没有告诉姥姥。舅舅结婚后，舅妈生了三个男孩，都被她自己抽羊羔疯时压死了，舅妈也因做饭时犯病被火烧死了，姥爷也因此气死了。从此，家里只有姥姥和舅舅相依为命，共度时光。

舅妈死后，舅舅再没钱娶媳妇了。

1966 年，妈妈接到舅舅让人代笔从老家捎来的信，告知姥姥去世，妈妈哭了，哭得是那么伤心。

1959年我上一年级，我们家搬到牛站商业厅宿舍东一排一院4号。

宿舍后面就是南沙河，下大雨的时候，从东山上流下大水几乎快把宿舍淹了。

那时，我经常和爸爸妈妈还有居委会组织的很多人，一起扛沙袋到坝堰上去堵洪水，真是屋漏偏逢连阴雨，那时的自然灾害好像很多。雨季过去后，河中的水就很少了。

记得有一个下午，我看不到妈妈，在院里的邻居家找，大家都没见，我着急得就跑到坝堰上找，只见妈妈跪在坝堰里敲打着地放声大哭。看见妈妈哭得那样伤心，我不知道该如何是好，就站在妈妈身旁也开始流泪。

过了一会儿，我推推妈妈说："妈，别哭了，别哭了，回家吧！"

妈妈用胳膊肘一搡说"起来"，差点儿把我推倒。妈妈一边哭，一边念叨着她的妈妈不在了。这我才明白，姥姥去世了，妈妈心里是多么痛苦。

妈妈在解放前就跟随爸爸到了北京，那时吃的苦就不用提了。生存的苦，生活的苦，精神的苦。

妈妈先后失去了两个儿子一个女儿，他们都是因病无钱治疗而丢掉了生命。我真不明白妈妈那时有多大的意志力坚强地活了下来，精神上的打击竟没有把那样一个弱小的女人打倒。

妈妈用她的小脚，在艰难的人生大路上，一步一步迈出了坚实的步伐。

那是1951年春，爸爸把妈妈从北京接到了太原生活，那时妈妈要回趟老家看望姥姥，简直是天方夜谭。钱虽然不是万能的，但离了钱寸步难行。太原离河北老家也就是五百公里的距离，现在开车六小时也就到了，但在那个年代几元钱的火车票都难以承受。妈妈很多年都没有回去看望过姥姥，直到姥姥去世，她也不在身边，也没有机会给老人送葬，更不用说磕头尽孝了。

妈妈不会写字，每次给姥姥写信都得让别人代笔。姥姥在世时我还小，从没有给姥姥写过信，妈妈的无奈、妈妈的痛苦谁能理解啊！可是，姥姥的伤心又有谁知道呢？母女相隔千里却无法相见，那才真是痛苦。

妈妈只有在心里默默地承受着母女分离的痛苦，只有向苍天大地诉说着离别之情，不敬之意，不孝之苦，想念之心。

姥姥走了，妈妈最亲的亲人走了，妈妈擦掉眼泪又开始了她艰难困苦的日子，操劳我们一家人的生活起居。妈妈坚定不移的生活信念，就是让我们过上好日子，让我们好好读书，长大成为对国家有用的人才。她把痛苦留给自己，把微笑送给我们；她把痛苦埋在心里，坚强地支撑着我们这个大家庭的生活。

交代

妈妈很美，但我更欣赏妈妈的心灵美。

妈妈不爱言谈，不高声说话，对我们兄妹四人从来没有打过一下，骂过一声。街坊邻居都知道妈妈是一个平易近人、温和善良、宽宏大量的人。妈妈离开我们已经整整16年了，但她那灿烂的笑容，却时常浮现在我的眼前。

我们那个年代，大部分女孩都梳着辫子。我也不例外，也梳着两条大辫子。那个时候，不像现在家家都有洗澡的设备，洗澡时顺便就把头发也洗了。我们也没钱到公共澡堂洗澡。所以，一到洗头的时候就犯愁，每次都是妈妈拿个盆接上水，放在凳子上给我洗头。她先把我的头发泡湿了，再把肥皂抹在头上，慢慢地揉，反复几次，水都黑了。妈妈从不厌烦，轻轻地洗着，轻轻地揉着，洗完再用清水把头上的肥皂沫冲洗掉，头就洗干净了。现在回想起来真是舒服极了。

妈妈每天默默无闻不停地劳动着，白天出去干活赚钱，回家还得做

妈妈正教我们做人

饭伺候我们，就像一部永不停息的机器不停地转动。

上学时，妈妈鼓励我努力学习，争当好学生。我在妈妈的鼓励下，当上了班里的中队长，打着队旗参加学校的各项活动。

我参加了铁路建设兵团，妈妈告我：“晋啊，一定要努力干出个样子来。”

我上班了，妈妈说：“打铁还得自身硬，你要干一行爱一行。”

正是因为妈妈不断地教导我，影响我，熏陶我，我才懂得了什么叫坚强、勇敢和自信。

妈妈常说，“不能随便吃别人的东西，更不能拿公家的东西，吃人嘴软，拿人手短。”她还常说，“晋啊，不要说别人长，不要论别人短，遇事不要和别人争高低，多干活，少说话，一辈子就会平平安安。你要记住啊！”

妈妈的很多话把我耳朵都快磨出老茧了，但就是妈妈不停的嘱咐，才让我走到了今天。现在，我要给妈妈起个外号，叫“心灵美”。

这个名字多好听啊，我想妈妈一定会很喜欢的。

妈妈为人正直，慈悲为怀。她一生经历了无数的磨难，经历了无数的坎坷，但从不怨天尤人，始终坚强地微笑着面对一切，我很少见妈妈流泪。

人与牛

我很小的时候，常听妈妈讲故事，有一段故事让我至今记忆犹新，就是人与牛的故事。

妈妈说，在她小时候，姥姥家隔壁养了一头老牛，还有两头小牛。有一天他们家要杀牛了，她们姐妹三个就爬在自家的院墙上看稀罕。

只见隔壁的邻居磨好了刀，旁边还放了盆水。还有村里几个年轻人在帮忙拴牛，拿了很长很粗的绳子，真是热闹。

“快看，快看，牛哭了，牛哭了！”

她们看时见老牛流泪了，不停的流泪。还是姐妹三个中的大姐先看到的。

本来她正和老姨正高兴呢，看那院子好热闹，突然听见大姨这么一喊，果然发现那牛真是在哭呢。看着看着，她们姐妹仨也跟着哭了。院里的人们还在忙着拴牛的两条腿。

她们不敢看了，就顺着墙出溜下来了，靠着坐在墙根底，再也不敢看了。只听那头老牛嗷嗷嗷地叫着叫着叫着，就没有声音了。那头牛就这样被杀死了。

“晋啊，妈妈后来才知道人和动物一样啊，牛那么辛勤地劳动，在地里拉犁全靠牛使劲了，干了一辈子活，还得让人杀了炖肉吃，你看看有多残忍啊！以后你长大了，可不能随便杀动物，动物是一条命，我们可不能杀生啊！”

妈妈又说：“杀牛，牛还懂得哭呢，杀别的动物，它们肯定也很难过。”这个故事在我心里留下深深的印象，我60多岁了，从来没看到过杀牛的情景。不过，我从来也不敢杀鸡杀鱼，长这么大也没有杀过动物。就是因为妈妈讲的这个故事对我的影响。

结婚棉袄

从小到大，我穿过的棉袄真是数不清。最珍贵的是我结婚时妈妈给我做的缎子棉袄，至今，我都舍不得穿，更舍不得送人。它还在我的结婚皮箱里安静地睡大觉呢。

因为，这是妈妈亲手给我做的结婚棉袄，里外全是新的。在我的记忆里，妈妈做的衣服真不少。我在家排行老三，穿的衣服几乎全是爸爸穿了老大穿，老大穿了老二穿，老二穿了我穿，我穿了还得改改给妹妹穿。衣服破了，妈妈就在上面补补丁，补丁还很对称。妈妈怕我嫌难看，就在补丁上绣朵花，或者换个不同颜色的花布，用剪子剪个图案补上，不是苹果就是蝴蝶，或是小鸟，补上去，还真是又俏皮又可爱。你看，妈妈在生活中是多么有智慧啊！

我是女孩里的老大。每到过年，妈妈都会买漂亮的花棉布给我做新棉袄。里子是哥哥穿过的旧衣服改的。妈妈常说："新三年旧三年，缝缝补补又三年。"我从来没有见妈妈穿过一件新衣服。那年月，每人每

年只供应六尺布和一斤棉花，在那个扯布都要凭布票的年代，政府发那点布票是不够给全家人买布做新衣服的。

20世纪70年代，我上班了。我经常让好朋友晋培玲给我买布头，接在一起当床单用。80年代后，家里的生活逐渐好起来。过大年时，我给妈妈买件新衣服或是做件新衣服，她总是舍不得穿，都整整齐齐地放在包袱里压箱底。

我有孩子了，妈妈就把旧的衣服拿出来给我的孩子做棉袄、棉裤、棉被、棉褥，妈妈把大人穿过的秋裤还要给翘和翘妹做棉袄里子呢。

妈妈说："这些秋裤都洗得很绵了，翘和翘妹穿上舒服。"

妈妈有一双巧手，任何东西到了她老人家手里都会变得那么漂亮，那么可爱。妈妈还用剩下的布头做一些小饰品，比如小老虎、小书包、小布娃娃等等。

妈妈总说："只要克勤克俭，勤劳勤奋，就会过上好日子。"

妈妈还说："人不勤不立，家不俭不旺。"

妈妈就是这样勤俭持家的。

妈妈亲手给我做的结婚棉袄将会陪伴我终生，它会给我带来温暖，给我带来幸福的回忆。

妈妈，我爱您！

两枚印章

20世纪90年代中期，也不知道是哪一年了，妈妈来大东关铁路宿舍我家里小住。有一天，妈妈从她包里拿出一个蓝色小布包，裹了一层又一层，不知道是什么宝贝。打开一看，只见是两个小小的印章。我问妈妈这是什么，妈妈说，“你放起来吧，以后用得着。”我不知道它能干什么用，妈妈给我，我就放起来了。

这件事我从此忘得一干二净，它们静静地睡在抽屉里快二十年了。前段时间，老公孙寅生提醒我：“你妈送你的两个印章还在抽屉里呢。”我突然感觉到了它的珍贵，因为爸爸妈妈留下可以做纪念的东西太少了，我们家一直很穷，不像那些大户人家把珠宝首饰当成传家宝。

妈妈只有这两枚小小的印章留给我，它上面写的什么字并不重要。

物质是财富，精神才是最大的财富。爸爸妈妈留下的无价之宝就是他们的那种精神，他们勤劳的品德，他们朴实的人格，他们善良的品质，他们热情的态度，他们助人为乐的情操。他们的一言一行、一举一动，

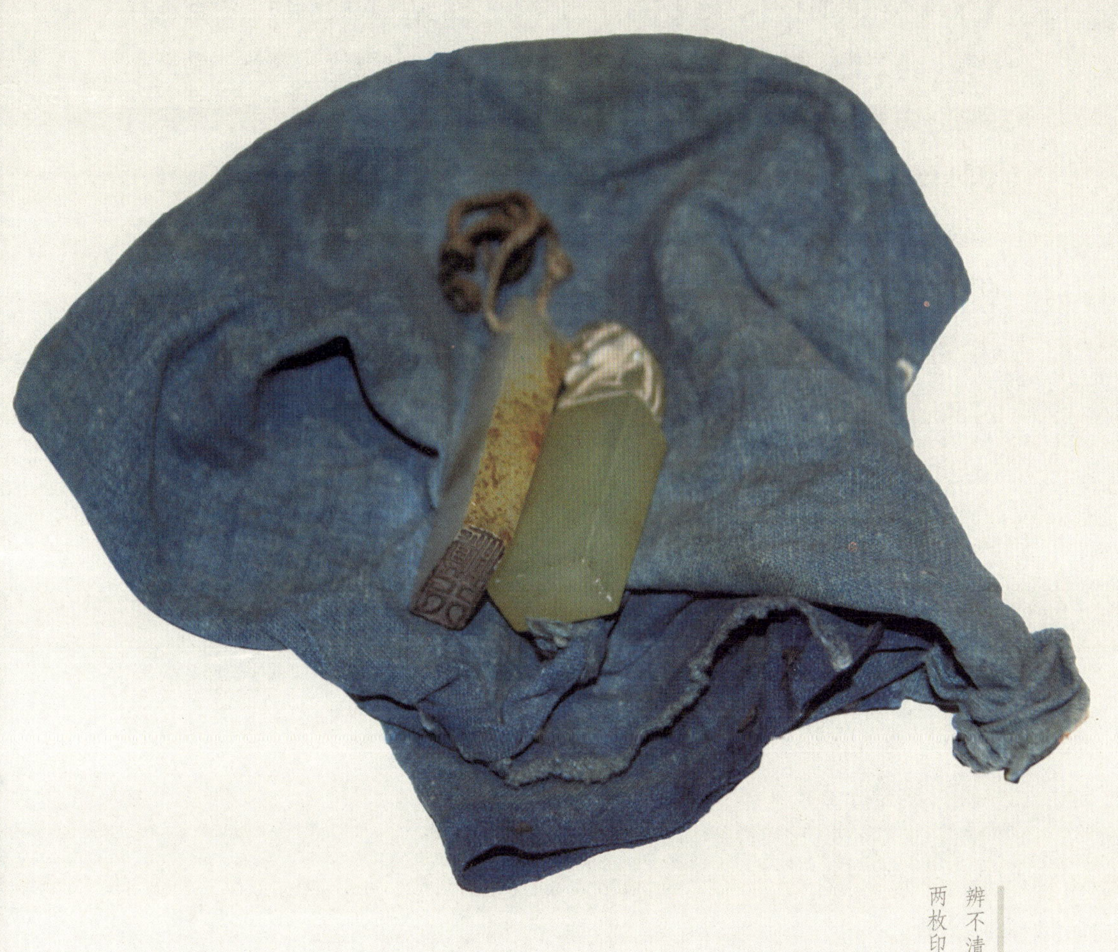

辨不清文字的两枚印章

牢牢地印在我的心中，融化在我的血液里，落实在我的行动上。爸爸教给我如何坚强、拼搏、认真、执着，妈妈教我如何宽容、豁达、勤劳、奉献、向上、向善。他们是我永远的老师，是我读不完的好书，是我们家的无价之宝。

如今，这两枚印章还在我抽屉里安静地搁着。十几年来，我无数次将印章拿出来企图辨别上面的字迹，但什么也没看清。可是，我还像宝贝一样珍爱它们，因为它们是妈妈给我留下的唯一的东西。

红烧猪蹄

全国人民都知道，伟大领袖毛主席生前最爱吃红烧肉，很多饭店的招牌菜就是“毛氏红烧肉”。

妈妈做的红烧猪蹄也非常好吃，也可以称之为“赵氏红烧猪蹄”。我不知道妈妈为什么很爱吃红烧猪蹄，为了满足妈妈这一口，我经常叫双合成司机李保卫找他哥哥买猪蹄，因为他哥哥在太原肉联厂工作。

妈妈每年都要来我家小住几次，每次来，我都少不了买猪蹄让妈妈给我们做红烧猪蹄吃，一来改善一下我们的生活，二来表现一下女儿对妈妈的一片孝心。

1995年10月的一天，妈妈来了，我又让四小（李保卫）给买了一箱猪蹄，猪蹄上有好多毛。只见妈妈点着煤气灶，烧红了火柱，用火柱烫猪毛。

一下午的时间，妈妈就干着这一件事——烫猪毛。突然，妈妈一不小心把一个猪蹄掉进了煤气灶的后面，妈妈下意识地伸手去拿猪蹄，可是她竟忘了火还开着，火苗很大，说时迟那时快，火苗瞬间点着了她上衣的袖子。衣服烧着了，这是一件油绿色的化纤中式上衣，妈妈穿上它，显得很有气质。这件上衣是我选的布料让裁缝给做的，颜色非常漂亮。记忆中，妈妈一生没有穿过什么带颜色的好衣服，几乎都是穿黑色、蓝色、灰色等很朴素的衣服。因此，我特别喜欢妈妈穿这件油绿色上衣。

我晚上下班回到家里，妈妈让我看衣服，真把我吓坏了。

我脱口说："我的妈呀，你吓死我了，家里就你一个人，火把你点着可咋办呀？"

妈妈说："亏这衣服是化纤的，要是棉的可就坏了，家里也就着了大火了，真是感谢老天帮忙呀！"

一个猪蹄差点点着了大火。一个82岁的老人为了我们儿女吃上美味的猪蹄，竟全然不顾自己的一切。按理说，妈妈来我家应该享福才对，可是我们都要上班，无法陪伴妈妈，还害得老人为了我们全家差点出了大事，现在想想真是不应该。

做猪蹄时，妈妈很认真地把猪毛烫得干干净净，然后把猪蹄洗好，再用冷水在锅里紧一下，把带有猪蹄腥味的血水倒了，最后用红糖水在锅里把猪蹄煨起来，用小火慢慢地炖，用红糖把猪蹄染得红红的，等到猪蹄煮开了花，张开了嘴，猪蹄就烧好了。红红的皮，软软的肉，香香的味，我们全家吃得可高兴了。妈妈牙口不好，满嘴都是假牙，但是妈妈还是大口大口地吃，猪皮软得连妈妈都能嚼得动。而翘和翘妹吃猪蹄吃得满嘴满手黏黏糊糊的样子，真让人开心。

我们全家爱吃猪蹄的习惯一直传到现在。妈妈离开我们也有十几年了，现在双合成物流经理李保卫还是年年都给我送猪蹄。但是，我再也吃不上妈妈做得那么好吃的红烧猪蹄了，也压根没有学会妈妈的手艺。但我常想起妈妈烫猪毛那吓人的瞬间。

妈妈说

妈妈是个文盲，从来没有上过学。解放后，经过扫盲班的学习，她倒也认识了一些字。但是，在我心目中，妈妈是个很有文化修养的人。

妈妈在言谈笑语间，经常会冒出经典的话。

我结婚了，妈妈告我："会办事的两头瞒，不会办事的两头传。"

我要出门，妈妈说："见人不施礼，白跑二十里。"

在交朋友时，妈妈就会说："做人要厚道，老天能看到。"

吃饭的时候，我们经常用筷子敲碗，妈妈就说："敲碗敲筷子，讨吃一辈子。"

妈妈告我勤俭节约，不要乱花钱，常说："吃不穷，穿不穷，算计不到就受穷。爹有娘有不如自己有。"

我坐在凳子上，我们会抖动腿，妈妈就说："坐下腿不抖，好事天天有。"

衣服破了，妈妈边缝补丁边说："新三年，旧三年，缝缝补补又三年。"

我和爸爸种地时，妈妈就会讲："三天学会个买卖人，一辈子学不会个庄稼人。"

晚上睡觉时，我经常和二哥、妹妹打闹，妈妈就说："食不言，睡不语。吃饭不能讲话，睡觉不能说话。"

我想买东西，妈妈又讲："学习老西人，花钱真抠门，一分钱要掰两半花。"

妈妈催我好好学习，赶快写作业，就说："一寸光阴一寸金，寸金难买寸光阴。"

我生别人的气，妈妈又会讲："得饶人处且饶人。"

晚上睡觉前妈妈让我洗脚时会说："晚上泡脚，长生不老。"

我上班工作时，妈妈就说："学好一辈子，学坏一阵子；真人不说假话，明人不做暗事；天下无难事，只怕有心人。"

我上山种树时，妈妈给我带上干粮，她说："不磨不炼，不成好汉。"

我出去办事，妈妈就叮嘱："胆大走遍天下，胆小寸步难行。"

妈妈教我专心工作、用心学习："人怕没脸，树怕没皮；不怕慢，就怕站；不怕少年苦，就怕老来穷。"

吃饭时，妈妈让我们吃多少盛多少，她会说："别眼大肚子小，盛上吃不了。一天省一把，十年买匹马。"

妈妈告我："晋啊，你一生必须靠自己的能力去闯荡，你要知道，靠人人跑，靠树树倒，靠爹妈，爹妈会老，只有靠自己才最可靠。"

妈妈担心我干不了某事就会说："你多大的脚，就穿多大的鞋。"

妈妈老嫌我长不大，成熟得慢，经常教导我："成熟的谷子弯着腰。你看地里的谷子，成熟了就弯下腰了，不成熟时就直挺挺地向天上长，你要向谷子学习啊！"

我在结交朋友时，妈妈就会说：“龙找龙，凤找凤，讨吃子找的一根棍，你要和德行好的人交朋友。”

妈妈说东我干西的时候，妈妈就说：“做寿蒸馒头，寻的挨逼斗（耳光）。晋啊，你要养成服从命令听指挥的习惯，领导让干啥，你就干好啥。”

妈妈还以“老牛吃草，浑身是宝”做比喻，让我只求付出，不求回报。

妈妈还经常对我们说：“不听老人言，吃亏在眼前；少年不努力，老大徒伤悲。”

不知道妈妈这些话是从哪里学的，现在回忆起来，妈妈的话都有很深的哲理，真是太经典了。妈妈生活中的智慧对我的学习、工作、生活影响很大，使我终生受益匪浅。妈妈是我一生的智慧老师，妈妈的老土话，一直激励着我。

玫瑰饼

小时候，我家住在太原迎泽公园南墙后面的牛站宿舍，那时我们进公园很方便。公园南墙有几个洞口，我们经常从洞口钻进去，读书、玩耍、滑冰、摘玫瑰花。以前公园里有很多玫瑰树，到了端午节前夕，我和妹妹一块去偷偷地摘玫瑰花。我们摘上玫瑰花，就放在兜里，很快从洞口再钻出来，赶快跑回家。因为公园是不让随便摘花的，要是让巡逻的叔叔抓住那可就糟了。

回到家里，我们把花从兜里掏出来，放在一个和面盆里，妈妈拣拣，看看有没有虫子、树枝等异物，再把玫瑰花拌上红糖，放一点白酒和食盐，来回揉匀了，装进小瓶里盖好，玫瑰酱就这样做好了。那时根本不知道玫瑰花和红糖的比例是多少，一般花少糖多，我经常偷偷地用手挑上吃一口，那真是美啊，让妈妈看见就会瞪我一眼。放一段时间，妈妈把玉米面放在盆里用开水一冲，用手把面揉到一起，妈妈也不怕烫。她把玫瑰酱拌上面粉和花生仁再包在玉米面里，用手拍平，就做成了玉米面玫瑰饼，放在鏊子上焙熟。哈哈，玉米面玫瑰饼就这样做熟了。妈妈心灵手巧什么都会做，没有什么事情能难倒她。

玉米面玫瑰饼烤熟了，我们兄妹四人当然就享福了。当然我是最优先的了。妹妹还小，两个哥哥都让着我，我排行老三就变成老大了。我就大口大口地吃起来，一连能吃五个玫瑰饼。从小，我是最有口福的一个人。好多年了，我没有再吃过妈妈做的这种玫瑰饼了。真是很想再吃一口妈妈做的玫瑰饼。

亲爱的妈妈，你闻到玫瑰花的香味了吗？现在我在阳曲县已经种了三百亩玫瑰，中国红辫子玫瑰园已经开出很多玫瑰鲜花，我们已经腌制了两次玫瑰酱了，我们玫瑰庄园的玫瑰梦很快就会实现。到那时，我们可以看着玫瑰花，闻着玫瑰香，喝着玫瑰茶，吃着玫瑰饼，洗着玫瑰澡，睡着玫瑰床，做着玫瑰梦，做着玫瑰人！

妈妈，最重要的是我已经不需要再偷摘玫瑰花了，反而可以大大方方、高高兴兴地去摘花了。可妈妈亲手做的玉米面玫瑰饼却只能在梦中才可能品尝，在心中不停地回味。

情侣大衣

在九十年代，热门话题是“戒指”，但对我来说是“大衣”。

我和老公就有这样两件大衣。它是妈妈76岁时给我们做的，用的是古铜色的宽条灯芯绒布料，用现在比较时髦的叫法就是咖啡色的条绒。

这大衣让我回味无穷。在那个年代，太原天气非常冷，我和爱人寅生的工资加起来每月不到100元，根本舍不得买大衣穿。特别是我的工作是揉面工，虽然当上双合成经理已5个年头，但每天还是要在车间里和工人一起干活——包月饼是我的拿手好戏——我有什么好衣服都没法穿。

记得1983年在太原副食品市场当工人时，我参加了太原市举办的技术比武大赛，亲手做的苏式月饼在大赛上竟然获得第一名，从此我每月工资上调2.5元，坚持了半年时间。时间虽短，但也算件很了不得的事，在生活上起到很大作用。

妈妈知道我辛苦，家庭困难，生活拮据，还有两个孩子，就到省体

妈妈亲手做的『情侣大衣』

育馆附近的小南关杂货铺买了布，回家自己裁剪衣服。先是用缝纫机做好布面，再做里子，接着絮上棉花，最后一针一针缝起来。

做好后，妈妈又用我的旧衣服把里子上缝了一层布，这样，大衣就成了活里活面的，脏了就能拆下来，洗干净缝上去再穿，大衣也就不用拆洗了。在今天，这种工艺仍然没有过时，不信看看，现在的高档大衣都是这个样子。

我这件大衣在双合成是立了大功的，每年冬天我都穿上它奔波在忙碌的工作岗位上，它见证了双合成一天天的变化和发展。孙寅生那件大衣却一直舍不得穿。他上班时总爱穿一件旧棉袄，到礼拜天上街买东西时才偶尔穿一下这新大衣。因此，他这件大衣直到现在还是新的。做这两件夫妻情侣大衣时，妈妈裁剪时还分别剪成女式款和男士款，可见妈妈的思维和手艺是多么讲究。

这两件大衣我留了下来，成为父母百年诞辰最珍贵的纪念物。我爱这两件古铜色条绒大衣，我和爱人孙寅生还穿上它照相呢。但我更爱我的妈妈，是她给了我严冬的温暖，不但温暖了我的身体，更温暖了我的心。

三千元

我女儿翘妹，2006 年 5 月 23 号（农历四月二十六）要结婚了，我突然想起妈妈在很久以前给过我三千元，她只说了一句话，你装起来，这是给翘和翘妹以后用的。

想起这钱应该是姥姥、姥爷的礼金，这是当姥姥、姥爷的一份心意。老公孙寅生劝我，人不在了，不用把老人的名字写到礼单上了。

我想起了爸爸妈妈那么疼爱外孙、外孙女，竟然没有赶上他们的大喜日子，难过极了，就在自己的佛堂里放声大哭了一场，以此来释放思念爸爸妈妈的心情。

妈妈给我钱时是 1997 年，她去世的前一年。那时，孙翘才 19 岁，翘妹才 16 岁啊。1996 年的三千元是多么大的数字啊！妈妈是个家庭妇女，这三千元她是怎么抠下、攒下的？她怎么会想到为遥远的外孙、外孙女的婚礼上一份厚礼呢？

妈妈无时无刻不在为我们做一些让你意想不到的事情，难怪妈妈去世后身上竟然分文没有。妈妈一生很缺钱，但她从不爱钱。她知道钱对她来说是生不带来死不带走的东西，所以妈妈走后留下一个空空的钱包，连一分钱都没有。

爸爸还专门问过我：“晋啊，你妈是不是把钱给你了？”

我说：“没有呀！”那时我还真忘了妈妈生前给过我钱的事了。

妈妈走后没有留下一分钱，这到今天还是个谜。妈妈虽不赚钱，但我们兄妹断不了给她钱。总而言之，妈妈不会赤手空拳，一分都没有吧！妈妈走后，我和妹妹把家里的箱子翻了个底朝天，也没有找到妈妈放钱的地方，这也一直是我们心中解不开的谜。

今天我总算明白了，心里的疙瘩也终于解开了，妈妈早早就把她要做的事都一一安排好了。尽管我不知道妈妈是否给过我兄妹的孩子们钱，但给我孩子的礼钱三千元肯定是她一点点攒下的，那是多么不容易啊！

我记得妈妈常说的一句话：吃不穷，穿不穷，算计不到就受穷。妈妈真是精打细算的高手，竟把十年后孙翘、翘妹结婚的礼金早早准备好了。这一份礼金意味深长，这一份礼金价值无穷，妈妈走后没有留下一分钱，这个谜也随之解开了。

妈妈病后

1996 年春天，妈妈感冒了。

每年的春季是老年人爱犯病的时候，我生怕妈妈病情加重，就带妈妈到市商业职工医院去看医生。进了医院，路过透视室，我顺便进去找冀贡琪大夫，给我妈妈检查一下肺部，妈妈很高兴地做了检查。

万万没想到，冀大夫告诉我一个不好的消息，妈妈肺上有东西不是太好。冀大夫是我一直很尊敬的大哥，他的医术很高，我非常相信他的检查结果。

我的头蒙了，最怕的事情发生了，这可怎么办?

我眼里的泪不停地流了下来。

一年多，我们兄妹几人一直观察妈妈的病情。妹妹把妈妈吃的药瓶也换了，多亏了妹妹的精心和细心，没让妈妈知道真实的病情。

我不由得想起 1987 年，我们一家带婆婆到青岛旅游的情景——我压根就没有想带妈妈出去，主要的因素是她岁数大了，出去不方便。现在想起来真是既内疚又自责，妈妈从来不给我们添麻烦，她也很想去青岛看看，可我却没有从妈妈的角度上想这件事。这件事还是妹妹告诉我的，“你姐姐带她婆婆也不带我去青岛。”这是妈妈的原话，直到现在，我都后悔莫及。

一个周日，我和妹妹商量带妈妈去晋祠玩玩，妈妈在太原住了几十年了，竟然只去过一次晋祠，我大小还是个经理，就不知道带老人去转转，真是大不孝顺！

那天我们带着妈妈在晋祠公园里慢慢地走着，妈妈不停地和我们聊天，走累了就坐下来歇歇。

那天我明显地感觉到妈妈很快乐。妈妈对我说了，她很开心。我听后一时间不知道说什么好，妈妈从来没有分外的要求，她总是勒紧裤带省吃俭用，也不会向我们张口。其实，让妈妈开心是件很容易的事情，也是举手之劳的事情，可是为什么我以前就没有去做呢？

是因为工作忙吗？不是。是因为不孝吗？不是。是因为没钱吗？也不是。

都不是，就是自己没有这个想法，要带妈妈去外面玩玩，真是失去了才知道珍惜。

妈妈知道自己的日子不多了，她告诉四楼的大妈，“我不行了，我不能告女儿她们，我腿软，连楼也上不去了，今年我是过不去了。”

妈妈病重，但她从不愿意让儿女为自己操心。我回到家里，她总是乐呵呵地给我做饭，问长问短，可是她自己呢？

俗话说，“儿行千里母担忧，母行千里儿不愁”，这句话太经典了。

妈妈为我们操了一辈子心，到自己快不行的时候，还不肯停下来，而我老大不小了，快五十岁的人了，还没有意识到“子欲孝而亲不待”

妹妹光春和妈妈在晋祠

的真正含义，一想到这些我又难过、又自责。我耳畔回响起这首歌：

妈妈我想对您说
话到嘴边又咽下
妈妈我想对您笑
眼里却点点泪花
妈妈，烛光里的妈妈
您的黑发泛起了霜花
妈妈，烛光里的妈妈
您的脸颊印着这多牵挂
妈妈，烛光里的妈妈
您的腰身变得不再挺拔
妈妈，烛光里的妈妈
您的眼睛为何失去了光华
妈妈呀孩儿已长大
不愿牵着你的衣襟
走过春秋冬夏
噢妈妈 相信我
女儿自有女儿的报答

姐妹花

妈妈兄妹四人，姐妹三人，她排行老二。她们姐妹三人虽然不能同年生，但能同年死。我不知道这是算缘分还是算奇迹。

我从来没有听说过一家姐妹三人，在一年中先后相随到了天堂。

那年妈妈 84 岁，大姨 88 岁，老姨 82 岁，她们姐妹三人长得非常像，真像是一个模子刻出来的。尽管她们生活在不同的城市、不同的环境，有着不同的生活方式，但她们的心始终相依为命。

大姨一直生活在生她养她的家乡，河北黄骅小六间房的那块沃土上。她培养出了两个非常优秀的女儿，又看着她的外孙、外孙女成长、成才、成功，走完了硕士生、博士生的求学之路，并出国创业，成为了家族的骄傲。

大姨是农家妇女。大姨父是一位德高望重的教师，以德育人是他的人生宗旨。他教出了一批又一批有德、有才的学生。尽管在“文革”中受到打击，但他的高尚品德至今一些老人提起来都赞不绝口。

大姨很关心她的两个妹妹，每年总要给她们寄一些老家的虾米皮，河北的小枣和自己腌制的咸鱼，她们姐妹感情很深很深。

我的妈妈排行老二，是个文盲。解放后在街道识字班学会了一些字，也只能看一些简单的报纸，却不会写字。可她在育人、育智、育德方面真不比有知识的人差。她和爸爸培养了我们兄妹四人，并教育我们在各自的岗位上都努力工作，踏实做人，真实做事。我们从来没有给父母脸上抹过黑，都在各自的岗位上做出了成绩，得到了各自单位及社会的认可。

我深深地体会到，人的“知”和“行”还是有很大差别的。妈妈虽然没有知识，但她的与人为善、做人诚信、做事踏实都是人们的楷模；她以身作则，身先士卒的精神是我们的榜样；她每做一件事都要全力以赴，做到极致；她衣服做得漂亮合体，针线缝得均匀，饭菜做得好吃：妈妈做红烧肉又香又绵，妈妈做的油炸螃蟹让人直流口水。

妈妈非常关心她的姐姐，也就是我的大姨，每年不断给大姨寄一些太原的土特产。有件像样的衣服，妈妈总是对我说，“这件衣服你大姨能穿。”老姨在东北时，妈妈常说，“你老姨那么远，到死还不知道能不能见一面呢。”心里老是惦记着。

老姨，我只见过一次，她心直口快，干脆利落。小时候，老家是盐碱地，不长庄稼，肚子饿得慌，没办法她就跟着老姨父，带着两个孩子闯关东。到了黑龙江湄公河边的村子里度过了艰苦的一生。大姨和妈妈不了解情况，一直对老姨有很大的误会，总觉得她不光彩，给父母丢了人，跑到东北不孝敬父母，可是老姨吃的苦、受的累又有谁知道呢?

1995 年老姨和她的儿子来太原，在我家里小住了几天，还带来东北的木耳，让我感觉到老姨现在很幸福。妈妈给老姨大包小包地带走很多衣服和吃喝。老姨一直和我说她们姐妹三人一定要在老家团聚一次，好好地叙叙旧，大姨和妈妈也有这个想法。姐妹三人回老家一起给她们的

大姨

妈妈

老姨

父母上上坟、尽尽孝，姐妹三人再聊聊天。老姨回东北了，妈妈的身体一直不太好，团聚的这个日子一直没有来到。奇怪的是在妈妈撇下我们走后：大姨走了，老姨身体本来很好，但突然倒地安详地也走了。就这样，姐妹三人在一年之中相聚到天堂。姐妹三人的心愿，也就如愿以偿了。我相信，这三朵姐妹花一定会在天堂幸福地开放。

白发亲娘

2013年3月22日上午，新当选的国家主席习近平离开北京对俄罗斯、非洲三国进行国事访问，这是习近平当选国家主席之后的首次出访。习近平主席夫人彭丽媛也陪同出访，这是国事。彭丽媛以新的角色在新的舞台上展现着中国“第一夫人”的魅力。

这也是我心中的一件喜事。著名歌唱家彭丽媛在我的心中是最朴实、最纯洁、最有魅力的一位女性，她像一位慈祥的母亲那样可亲，又是一位散发正能量的歌唱家。我最喜欢她的地方也是我心中最大的秘密，就是她唱的《白发亲娘》。这首歌让我经常想起我的妈妈，这也是我最爱唱的一首歌。这首歌陪伴了我十多年，我的妈妈就像歌词里唱的一样，那么深情，那么牵肠，那么盼望，这首歌唱出了我的心声，唱出了我的思念——

你可是又在村口把我张望
你可是又在窗前把我默想

白发亲娘

你可是又在梦中把我叨念
你可是又在灯下为我牵肠
回去吧，我的娘
回去吧，我的娘
儿不能去为你添一件衣裳
责怪吧，我的娘
责怪吧，我的娘
儿想你却不能去把你探望
……白发亲娘

每每唱这首歌时，我就深情向往，浑身的细胞都在沸腾。尽管这首歌难度很大，但我还是能很顺畅地唱下来，而且会博得在场人们的热烈掌声。

那时的我别提有多美了。

我的白发亲娘啊，儿在天涯，你在故乡
我的白发亲娘啊，朝思暮想，眼泪迷茫

每唱这首歌时，我就心情舒畅，我把这首最美好的歌曲送给我天堂的亲娘。每唱这首歌时，我就热血奔放，我把这首深切怀念娘的歌送给我敬爱的亲娘。

有两年多了，我在电视上见不到彭丽媛的影子，听不到她的歌声，很是失落。今晚得知习主席和夫人一道出访的事，我一直没有入睡。我盯着电视，等着彭丽媛的出现。快半夜一点了，也就是23号的凌晨，习主席、彭丽媛身穿深蓝色的大衣，从飞机上下来，挥手致意。她高雅、稳健、大方，真正彰显出我们中国人的气质、气度，彰显出中国“第一夫人”的魅力。

见到彭丽媛后，我的心静了，不由自主地唱起了《白发亲娘》这首歌。看到彭丽媛，我的期盼满足了，我安详地进入了梦乡。在梦中，彭丽媛的《白发亲娘》又回响在我的耳边，我白发苍苍的亲娘又浮现在我的眼前。

回忆是幸福的
也是痛苦的
但更多的是不安

不安

第三集

爸爸妈妈

一个『孝』字

爸爸是个大孝子。

我们从小就常听爸爸讲孝道的故事。爸爸说："你们的爷爷奶奶自己舍不得吃好的，有好吃的总是先给我的爷爷奶奶吃。就是一块红薯也让大人先吃，特别是你的奶奶，她在村里是没有一个人不夸的，她又勤劳，又节俭，又孝顺。"

爸爸妈妈在我们兄妹心目中一直是忠孝的楷模，他们不仅继承了祖先的勤劳、勇敢、善良、坚强、执着、诚信，更传承了祖上的德行，那就是对长辈、对师长、对恩人的孝敬。

记得20世纪60年代末，我们兄妹四人都还在上学。当时，爸爸的工资仅有85元，老家还有奶奶、姥姥、舅舅、大娘等需要照顾。

每月爸爸领了工资连家都不回，就直接到邮局给奶奶、姥姥寄钱，一般要寄出去30到40元，剩下一半则留给我们全家做生活费。不仅这样，爸爸还经常给奶奶买一些生活必需品寄回去。我真不知道妈妈那个时候是怎样用这几十元供我们全家生活的。

记得有一年冬天家里储存的土豆发芽了，妈妈舍不得把土豆芽扔了，因为那太可惜了，就把土豆芽拌上玉米面蒸成“拨烂子”，自己吃了满满一大碗。

没想到妈妈吃了以后，浑身肿了起来 ，上吐下泻，本来瘦小的妈妈连站也站不起来了，一副可怕的样子，我和妹妹吓得直哭，边哭边叫，“妈！妈！你怎么了？”

爸爸急得满头大汗，跑出去叫来大夫。大夫又给打针，又给灌液体洗胃进行抢救。瘦小的妈妈被折腾得不成人样。

那个时候，妈妈为了照顾爸爸和我们，一直就是省吃俭用、吃糠咽菜。

妈妈是个本分的家庭妇女，从没有上过学，但妈妈也崇尚孝道，关爱他人。对爸爸寄钱的事，妈妈从来没有抱怨过。她默默无闻地忍受着生活的痛苦，生存的痛苦，身体的痛苦，孝敬着老人，尊重着丈夫，关爱着子女，帮助着别人，这些可贵的精神永远铭刻在我们的心中。

不许剩饭

今天是大年初五，春节马上就要过去了。年前习近平主席提出厉行节约、反对浪费的英明决策，我欢欣鼓舞，全力支持。我真想大声喊：共产党万岁，万岁，万万岁！！！

现在国家富强了，时代进步了，生活富裕了，一部分人已经过上了小康生活。可是，每当看到宴席上饭菜剩得很多的时候我就心痛，听到一桌饭要花几十万，我就心惊肉跳。我真不知道他们是在吃饭还是在吃钱。据报道，中国是一个浪费大国，每年浪费在餐桌上的钱，就能供2亿人吃一年。可是，13亿人的大国，还有好多好多人吃不饱饭呢。

我生在新中国，长在红旗下，经过了20世纪50年代的供给制时期，度过了60年代的困难时期，经历了“文化大革命”的特殊年代，经历了改革开放30年的繁荣昌盛时代，亲眼目睹了国家由穷到富、由困难到发展、再到富强的大变化。我感受过穷，也感受过财富。

可是，爸爸妈妈只感受着穷，他们一辈子都没攒够一万元，也没有见过整捆一万元是啥样子。从小他们就教育我们要勤俭节约。记得我们吃饭的时候首先是不能讲话。有一句俗话叫“吃不言睡不语”，我们兄妹四人都悄悄地吃饭，真怕做错了让爸爸责备一顿。特别是碗里绝对不许剩下一粒米，只要有一粒米，爸爸眼疾手快，拿起筷子朝你头上就是一筷子。还有碗里的饭是必须要吃完的，不许剩饭，肚皮撑大了也得吃完。那时也就穷怕了，一是穷，二是爸爸管得严，我们从小也就养成了好习惯，不剩饭，不倒饭。妈妈说不倒饭就是给自己积德呢，以后日子也就会越来越好。妈妈还说，省下的就是挣下的。爸爸妈妈从小吃糠咽菜，一分钱掰成两半花，衣服补了又补，他们就是这样省吃俭用地过了一辈子。

我就是在这种环境下长大的。后来家里生活好起来啦，我也成熟了。爸爸岁数也大了，但挨骂还是少不了的。我一直怕爸爸，也恨爸爸，在我心目中，爸爸那时就是个无情的魔鬼。

很小的时候我就发誓：我长大挣了钱绝不给他花。爸爸的规矩太多太严了，尽管我在家是个宠儿，但有了过错爸爸也不会放过。家里来客人要先问好，倒水要有样子，要双手端杯子，杯子把要放在客人的右手边，杯把要对住客人，但要斜一点，扫地要压住笤帚不能把土扬起来，等等。

我上班后，特别是到了双合成，爸爸的教育，从小养成的习惯的好处就显现出来了。我也非常讨厌别人倒饭，不断引导员工惜福，不停地教育员工要懂得感恩，感谢五谷养我们的生命。我一贯提倡每个员工都要从节约一两粮、一度电、一滴水、一分钱开始，培养勤俭节约的习惯。这都要归功于爸爸妈妈从小对我的教育和培养。

感谢爸爸妈妈的教导，让我养成良好的习惯，并影响着身边的人。

谁剩饭，爸爸的筷子就会敲在谁头上

勤俭

锄禾日当午，
汗滴禾下土。
谁知盘中餐，
粒粒皆辛苦。

这首唐诗是我儿时妈妈教会我的。

在那贫穷的年代里，家家户户的当家人都要勤俭持家，妈妈更是勤俭节约的能手。

我记得小时候穿的衣服全是妈妈亲手做的，而且经常是用一块一块的花布拼接成的，如果现在穿在身上一定是最时尚的。我的裤子穿破了，妈妈规规矩矩地给补上一大块补丁，或绣上一朵花贴上，而且补得是恰到好处。

妈妈嘴边上常说一句话：新三年，旧三年，缝缝补补又三年。妈妈补的补丁，就好像现代人专门把裤子剪成破口子一样时髦，时代不同了，

吃不穷，穿不穷，计划不到辈辈穷

过去的缝缝补补倒成了现在的时尚潮流，你说有意思吧。

我记得那时，不像现在节省电，经常在开关旁边贴着个小纸条“随手关灯”，而妈妈根本就不开灯，只点支蜡烛照亮。只有除夕夜，妈妈才舍得把电灯打开，那也只是微弱的灯光。正因为如此，我唯一喜欢的一件事就是晚上家里的灯很亮。

我记得那时，只有过年我们才可以穿上新衣服，平常全部是旧衣服。我的衣服大多数都是两个哥哥小了不能穿退下来的，妈妈剪剪、缝缝就成了我的衣服。这也是我小时候天天盼着过大年的原因，就是想穿新衣服，还能吃上猪肉。

我记得吃饭时，我们的碗里根本不能剩饭，哪怕是一粒小米都不能剩下，吃完饭的碗必须是干净的，就算掉到地上的窝头、菜都必须捡起来吃掉，不然的话，让爸爸看到，这顿打是躲不过去了。

勤俭节约是我们中华民族的传统美德。君子以俭德辟难，就是说，君子以节俭、简朴的德行来避免灾难。

爸爸妈妈一生坎坎坷坷，风风雨雨，经历了无数的灾难，但都是“柳暗花明又一村”，这也许就是应了古代圣贤的说法，“君子以俭德辟难”吧。

勤俭节约不仅是物质缺乏造成的，也是精神上的追求。勤俭节约是一种传统美德，也是一种良好习惯。爸爸妈妈的语言和行为一直影响着我们，所以我在双合成一向提倡以节约为本，以勤俭为源，以勤奋为根，以真实为魂。

忠诚夫妻

那个年代人人都敬爱伟大领袖毛主席，家家都挂有他老人家的照片，人人都有毛主席语录，个个都会熟背毛主席著作“老三篇”和毛主席语录。

“下定决心，不怕牺牲，排除万难，去争取胜利。”

“世界是你们的，也是我们的，但是归根结底是你们的。你们青年人朝气蓬勃，正在兴旺时期，好像早晨八九点钟的太阳，希望寄托在你们身上。”

那个年代，不论是学生还是工人、干部，手里都拿着《毛主席语录》，读毛主席的书，听毛主席的话，跟毛主席走，大家都过着清贫的日子，过着朴素无华的日子，也过着心惊胆战的日子。

那个年代，爸爸每天早晚都要站在悬挂墙上的毛主席像前，手里拿着本《毛主席语录》，深深地鞠躬，还要读一段毛主席语录，“人总是要死的，但死的意义有不同，为人民利益而死就比泰山还重，替法西斯卖力，替剥削人民和压迫人民的人去死，就比鸿毛还轻”或“谦虚使人进步，骄傲使人落后。”爸爸经常用毛主席语录教育我们，“凡是错误的思想，凡是毒草，凡是牛鬼蛇神，都应该进行批判，决不能让它们自由泛滥。”“贪污和浪费是极大的犯罪。”“我们的同志在困难的时候，要看到成绩，要看到光明，要提高我们的勇气。”“什么事情都应当执行勤俭的原则。”等等。

那个年代，我们身上都佩戴毛主席像章，甚至结婚，人们送的都是印有毛主席语录的镜框和印有“为人民服务”五个大字的书包，连家里的缸子、茶壶、茶杯上都有毛主席语录的字样。

那个年代，毛主席语录无处不在。爸爸曾受过大会斗、小会批，几乎到了无法忍受的地步，但他还是忠心耿耿地热爱毛主席，毛主席的像章也一直陪伴着他。那是一个金光闪闪的纪念章，一直佩戴在他的胸前，这在我童年记忆中留下了深刻印象。难怪爸爸在家训里说道，“报答共产党的恩情，全心全意为人民服务……”

那个年代我记忆犹新，因为我就是那个年代成长起来的人。我知道，回忆是一种痛苦，但又深深地明白，回忆也是一种安慰。在上海汉庭酒店夜深人静的半夜，我仍然沉浸在回忆当中，因为那个年代教育了我，那个年代爸爸的言行影响了我。

我还清楚地记得：爸爸曾在一块布上写下一个大大的“忠”字，并让妈妈把毛主席像章和天安门徽章一个个别上去。妈妈就用她满是老茧的手拿起一枚毛主席像章别在布上，又拿起一枚……这样依次类推，用了整整一天工夫，才把这块“忠”布用毛主席像章和天安门徽章拼了起来。在她拼的过程中，不时会扎破手指，她只是把流血的手指放进嘴里吮吸一下，然后继续工作。

当时，我还仔细地数过，那块金光闪闪的“忠”字布上，总计别了

毛主席是我们心中的红太阳

35 枚毛主席像章，40 枚天安门徽章。最后，妈妈用一个镜框把这幅“忠”字布画镶嵌进去，这个“忠”字就算做成了。现在，我把这幅作品放在双合成“双先”厅里，用以教育员工，感染员工，让他们时刻牢记要“听党话，跟党走，报党恩”。

但是爸爸看到妈妈做的“忠”字，还是要挑毛病。这就是爸爸的老毛病，要是不挑毛病的话，他真就没毛病了。

爸爸对我们说：“这枚像章别得不正，你妈做事就是不细，那枚像章别歪了，唉，晋她妈，你是怎么搞的！”

妈妈只好拿下像章重新别，这样反复多次，直到爸爸不挑毛病为止。最后，爸爸工工整整地把镜框挂在家里的墙上，爸爸对党对毛主席的忠心日月可鉴。

“忠”字就是“忠心”，忠于毛主席，忠于党；“忠”字就是忠心耿耿，忠心耿耿地跟共产党走，听党话，报党恩；“忠”就是忠诚，忠诚于党的事业，忠于自己的工作岗位；“忠”字就是忠贞不渝，爸爸一生忠贞不渝地热爱中国共产党，热爱毛主席，热爱社会主义，热爱身边的老百姓。他把忠心洒在他生活的每一块土地上。

擦车

那是我上班以后，有一天回到家里，我把我的自行车推到家里擦了起来。那时我是一个比较时髦的女孩，骑着一个空梁飞鸽大车，背着一个粪兜子的包，穿着一件蓝色衣服，梳着长长的刘胡兰发型，微风一吹，长长的头发向后面飘逸着。有时也会碰上个调皮的男孩问这问那，我挺着胸仰着头，根本不会和他们搭茬。我从来没有把这些小丑放在眼里，更谈不上和他们讲话了，我就是这么一个人。

那天，我在家里专心擦车，根本没有看到爸爸下班回来，我头也没有抬，还在用心地擦车上的泥土，土全部掉在家里的地上。我还拿起擦车的布在家里上下抖着，想把布上的土全部抖下来，顿时家里是尘土飞扬。这时，爸爸气坏了，抬起脚就踢了我一下。我正蹲着在那里擦车、抖布，爸爸的这一脚把我踢倒在地。

“你干啥把土抖在家里，你不知道到外面擦车去，你这个该死的，出去擦，把地上的泥全部扫干净，滚出去！”我马上站起来把自行车推出去，一边哭一边擦眼泪。妈妈在外面的厨房里做饭，吓得跑过来对我说："晋啊，你千万别惹事了，你爸爸这些天不知道在单位遇上什么事了，每天回来就不高兴，就发火，你擦完车和你妹妹出去转转。"我还边哭边说："他不高兴，回来就踢我！"妈妈接着说："你干嘛在家里擦车，还把布子上的土抖在家里？你爸爸当然不高兴了！好了，别哭了，和你爸爸赔个不是。"

爸爸在屋里还骂个不停，"长那么大了，还不懂事，擦车还在家里，地下那么多土！你妈也不管，抖布子就不知道去院里去抖！"我听了妈妈的话，进了屋向爸爸赔不是。"爸爸，我不对，我错了，我以后再不敢了。"爸爸严厉地说："你记住了？你就是记吃不记打。"

我记住了爸爸。

爸爸就是一个爱讲规矩的人，只要你做得不对，马上就会骂你，推你打你。现在回想起来，不是爸爸的规矩多，我也不会有今天，双合成也不会走到今天。

没有规矩不成方圆，爸爸的这一脚让我明白了遵守规矩的重要性和必要性。

玉枕

十多年前，我在北京出差，在王府井百货大楼看到了卖玉枕的，一个长方形的红盒子，里面有说明书。玉枕含有 30 多种微量元素，能接触人脑100多个穴位，产生静电磁场，对头部神经具有刺激作用，能清脑安神、改善血液循环、改善睡眠，才百八十块钱一个。我毫不犹豫地给爸爸妈妈每人买了一个，好让他们有个好的枕头，睡好觉。俗话说枕头不选对，越睡人越累。买回去给了爸爸妈妈，可是没想到他们都舍不得用。这对枕头是不是玉，是什么玉，我是一点也不知道。这一对枕头一直在妈妈的箱子里放着睡大觉。

有一天我回家，爸爸拿出一个玉枕头对我说："晋啊，你买的这个玉枕爸爸也不用，我想把它送给人。"我就说："爸爸你老是送人，你不用我就要了。"爸爸无奈地给了我。

我拿回来睡觉就用上了，无论春夏秋冬我都枕着它。妈妈走了，妈妈的那个玉枕，爸爸又拿了出来，"晋啊，这是你给你妈买的玉枕，你

玉如其人

妈用不着了，你要就拿回去做个纪念吧。”我流着泪，把玉枕拿了回来。

一对玉枕，爸爸妈妈各一个，全部回到了我的身边。从那时起，十六年来这一对玉枕就一直伴随着我，我每天枕着它们，就像睡在爸爸妈妈身上一样。时间长了，圆圆的玉片掉下来了，家里的阿姨就给我重新缝上去。只要我枕上去，一股清凉的感觉就会让我头脑清醒，我会很快就睡着。看来清脑安神的作用还是很大的。

十六年了，玉枕一刻也没有离开过我，我就像在爸爸妈妈的怀抱里一样，做梦都很甜蜜，都很清爽，都很安定，都很开心。

爸爸妈妈这一对玉枕将陪伴我一生。

感谢玉枕给我带来温暖，感谢它们给我编织了美好的梦，让我和爸爸妈妈在梦里相见，让我和爸爸妈妈在梦里相依。

回忆是幸福的
也是痛苦的
但更多的是不安

不安

第四集

我们家

酱油渣窝头

太原市食品酿造厂是做酱油醋的企业，我没去厂里了解酱油是怎么做的，用什么原料做的，但小时候吃酱油渣到现在还觉得是昨天的事。

那时的酱油渣特别黑，也不知道爸爸是从哪里买回来的酱油渣，妈妈拌上些玉米面做成酱油渣窝头让我们充饥。让我最难忘的是这一幕：酱油渣饼虽然嚼起来很难吃，但因为我们兄妹天天都饥饿难耐，因此还是大口大口地吃着。但吃进去容易，拉的时候就太困难了，往往要在茅坑蹲很长很长时间，有时还屙不出来。

我们那时还小，爸爸妈妈拉的时候更是痛苦难忍。因为吃酱油渣太多了，没有油性不利肠，也不大便，甚至还得用手抠。

这是一件很痛苦的事情，我一般都不想回忆。但是，人生就是体验的过程，只有体验到苦才知道什么是甜。

吃螃蟹

1974年5月初，我和妈妈在北京逗留了几日，按计划乘车来到天津，在南开大伯的儿子小四家住了一天，就回老家了。

我的老家黄骅在渤海边上，是盛产海货的地方。我们住在老叔家。老叔家的房子很破旧，是爷爷奶奶留下来的。老婶常年有病，身体一直不是很好。

只见她坐在炕上，盘着腿，抽着长长的烟袋锅，不停地往烟袋锅里放烟叶，抽空后在脚上磕一下，再放上烟叶，就这样重复着一个动作。老婶告光华哥去给我和妈妈买螃蟹吃。那时的螃蟹，记得只有7分钱一斤。华哥和老叔两人一买就是一袋子，回来就把螃蟹腌了起来。

妈妈比我还爱吃螃蟹和皮皮虾。她最喜爱吃的还有一种鱼叫梭鱼，那是家乡的特产。老家有个说法："丢了车和牛，不丢梭鱼头。"看见妈妈吃梭鱼头的样子，足能让人涎水直流。

很多人知道妈妈回来了，都来老叔家看她，有叫奶奶的，有叫老奶奶的，还有叫姑奶奶的。我不清楚来的都是什么人，都是什么辈分。只见妈妈见到他们时，一会儿哭了，一会儿笑了，真是“老乡见老乡，两眼泪汪汪”。

老叔家是很困难的，准确地说非常穷，家里有个破箱子，再就是炕。可是，几分钱一斤的螃蟹在老家的那些日子，我和妈妈还是天天能吃上的。

妈妈在老家要多待一段时间，我可要回来上班了。老叔老婶提前给我腌了一缸螃蟹，走的前一天一看，缸里的螃蟹全生小蛆了。老叔着急了，马上又让华哥去集市买螃蟹。

华哥又买回一袋子螃蟹，回到家里，老叔、老婶还有妈妈又开始动手腌螃蟹。只见他们拿了很多盐撒在螃蟹上，慢慢地螃蟹就不动了，大缸里放一层螃蟹撒一层盐，就这样又腌满了一缸螃蟹。

我第二天走的时候，肩上背的、手上拎的全都是海货：螃蟹、虾米皮、皮皮虾、梭鱼、虾酱等。让我特别难忘的是，在石家庄倒车的时候，要经过一个天桥，过这个天桥要上很高的楼梯，还得走很长的路，我真的很痛苦，这些海货像一座大山似的压得我喘不上气来，我往前挪一步都很费劲，真是寸步难行。有些叔叔看到我这个样子，就帮我拿一个包，减轻了我的负担。要不是很多不相识的好心人帮我的忙，我真不知道那些螃蟹能不能顺利地拿回家。从此，我对石家庄那个“天桥”的记忆就非常深刻。

多少年过去了，想起妈妈爸爸吃螃蟹的情景，我就好开心啊。后来改革开放了，市场经济繁荣了，全国商品大流通了，太原也有螃蟹可以买了，我就时不时给爸爸妈妈买螃蟹吃，每每看到他们吃螃蟹开心的样子，我就感到欣慰。

因为我

我妹妹光春经常说："妈常念叨，自从你姐姐上班以后，我们家的生活就慢慢好起来了。"你知道为什么吗？我上班在太原副食品市场糕点加工部当糕点工，副食品市场那时候在太原是很有名的一个企业，商场卖的全部是食品，肉、鱼、糕点、烟酒、水果、蔬菜、调味品等等，真是应有尽有。

在那个商品短缺的时代，只要早晨一开门，很多顾客就一拥而上，冲着跑进商场去排队买食品。我那时是一个小工人，想在副食品市场买便宜东西也很难。

那时买不起肉，我就找烟酒组的部长走后门买骨头。当时骨头 7 分钱一斤，骨头上几乎没有什么肉，买上 10 斤骨头，回家妈妈洗洗，熬上一大锅骨头汤，全家可高兴了。黄黄的窝头蘸上骨头汤，那可是神仙过的日子，我们的生活就这样提高的。

在糕点加工部做点心，有很多产品都要用猪油。猪板油从外面进回来然后我们自己提炼。师傅们把大块的猪油放在大锅里，再倒上水，然后开始慢慢炼油，一直熬到把大块猪板油变小了，再用榨油机压油，直到榨不出油为止。

最后，就只剩下油渣了。那时候条件好一些的家庭根本不吃油渣，可这本来要扔掉的渣子，我们却不舍得扔，而是几个人每人分一份带回家。我带回家一包，妈妈看到高兴得不得了。她把油渣在案板上剁碎，把白面和玉米面混起来和好，再把面用擀杖擀成很圆的面片，然后放上油渣再卷起来，做成一个一个圆饼，最后烙熟，我们全家可以美美地吃上一顿。

真的，我们家生活好起来的主要原因，真是那段时间能喝上骨头汤，能吃上油渣饼，这是一般人家享受不到的。如果放在现在，从健康角度讲，是不能吃油渣饼的，因为油渣中含胆固醇太多，吃多了容易血脂高，甘油三酯高，容易得心血管疾病。可那时，人人肚里没油水，也不知道人们吃了有啥不良反应。即便如此，现在想起妈妈做的油渣饼，还是觉得那么香，那么美。

此生一次

1974 年五一国际劳动节，是我永远忘不了的一天，也是最快乐的一天，最值得我回忆的一天。

这天我和妈妈、侄儿赵鹏（小名大红）在北京颐和园游玩，逛了玩了，还到北京全聚德吃了烤鸭，妈妈高兴，大红高兴，我也高兴。我们三代人开心得不得了，但这样的事情此生只有一次。

妈妈原计划是要回河北黄骅老家看望亲人，我和妈妈商量后把行程改为先去北京玩几天，再到天津看一看，再从天津回黄骅老家。

当时，妈妈 60 岁了，满头银发，精神特别好。妈妈是旧社会的牺牲品，有两只缠过的小脚，但身板却直直的，走起路来像个年轻的后生。所以，大红在颐和园跑来跑去，妈妈也能跟着追来追去。可我就不一样了，看着这一老一小追赶的样子，心里非常紧张，生怕他们有个闪失。

妈妈一头银发，腰板直溜溜的，又是一双小脚，在颐和园的游人中格外显眼，许多外国游客投向妈妈的目光又是惊讶又是赞叹，时不时地扭过头向妈妈打招呼："How are you？" 妈妈听不懂老外说啥，反正，老外笑嘻嘻地说，妈妈也不停地点头，不停地说你好、你好！一路上外国游客友好表示，让妈妈大开眼界，妈妈兴奋极了。

我从来没有见过妈妈这么兴奋，因为解放前妈妈曾在北京居住了几年，那时的日子可真叫个苦。妈妈说，在北京的那几年，你爸爸在太原，我们娘儿仨受的那苦就不能提了，要过饭，拉过煤渣，天天去捡破烂。在一个大雪纷飞的早上，妈妈拉着大哥、背着二哥在寒风中捡破烂，人都快冻僵了。可这次来北京，妈妈没有提过去的辛酸和悲伤，脸上只有笑容。

从颐和园出来，我对妈妈说，咱们去全聚德吃烤鸭吧。妈妈当然高兴，大红也跳起来了。

说到大红，我还真要夸他几句。当时大红只有4岁，是我们赵家的长孙。他大大的眼睛，黑黑的皮肤，见人说话就笑，而且聪明伶俐，小脑袋里尽是主意，特别惹人喜欢。这次出门，大红一听说奶奶要出门，那可不行了，非要跟着奶奶走。他聪明在哪里呢？走时他承诺说，出来不捣乱，听奶奶的话，听大姑的话。说的倒是挺好听，可一出来什么都忘记了，搞得我还得听他的话。

我们来到前门的全聚德，这里真好，京味特别浓，装饰得古色古香，很多鸭子高高地吊在那里烤。这酒店原是有钱人来的地方，我们今天也当回有钱人，让妈妈享受一下北京的风味。我们三人坐在一张桌子上，边等饭菜，边东看看、西瞅瞅，妈妈从来没有进过这样的大饭店，更别说是北京大饭店，这真是大年初一吃饺子，头一回啊。

菜上来了，全是鸭肉、鸭肝、鸭心等等，尤其师傅片的鸭片，好像是一张纸。我们把金黄色的鸭皮放在薄薄的春饼上，再蘸上甜酱，放点

妈妈六十岁，与我们一起去北京

葱丝、黄瓜丝，一起卷起来，高兴地吃起来。妈妈吃得好开心啊，大红吃得嘴角流油，我看着这一老一小美滋滋的样子，心里甭提有多高兴。

不知为什么，妈妈走到哪里都像一块磁铁，吸引着来往的游客，真成了明星般的人物。有两个外国人来到我们桌前用生硬的中国话问道："你们是北京人吗？"我说，不是，是来北京玩的。他们伸出大拇指连说了好几声"OK"。

我也记不清这顿饭花了多少钱，好像是十几元。

这一天在北京又玩又吃，是我一生和妈妈在一起最开心、最幸福的一天。现在想起来，仿佛就像昨天发生的一样。

今天我在榆次金融大酒店招待凤凰卫视两位记者，吃的也是北京烤鸭。我不相信是北京烤鸭，就问厨师。厨师用京腔告诉我们，这鸭子真是从北京送来的，厨师也是北京的，鸭子是按全聚德的工艺烤熟的。我不由想起和妈妈、大红在北京吃烤鸭的幸福时光。

爷爷奶奶

我从来没有见过爷爷奶奶，只见过一张奶奶的照片。奶奶名叫贾毓贤，眉清目秀，五官端正，非常慈祥。她头上戴着一顶黑绒帽子，耳朵上戴着两个耳环，穿件黑色中式衣服。

爷爷奶奶一生饥寒交迫，过着朝不保夕的生活。爸爸八岁那年，家里人口多，在粮食断顿求借无门的情况下，爷爷让爸爸沿街挨户乞讨。

每逢农历春节，晚上 12 点，也就是农历正月初一的零点，家家户户要包饺子吃。到了农历腊月三十，奶奶就让八岁的爸爸到集市上捡白菜帮子，回来掺点虾糠，滴上几滴油，放上葱花和盐，包成红面素饺子。

后来，爷爷带着十三岁的大伯闯关东了，家里还有爸爸和他两个妹妹、一个弟弟、一个姐姐，共六口人，可想而知，生活是多么艰苦。

俗话说，“有钱没钱回家过年。”可是，为了养家糊口，十七岁的爸爸却在寒冬腊月辞别亲人出外谋生，临走时，奶奶含着泪语重心长地说：“别人家出门在外的年轻人，每到腊月都回家过年，而我家的孩子却在冰冷的腊月出外谋生，怎不让娘心疼啊！”

我还听说，爸爸生病的时候，奶奶总是在露天院里，顶着炎热的太阳，汗流满面地用细细的小火煎药。

爸爸《回顾八十年的人生路》这本书里，零零星星地记载着奶奶的一些只言片语，从中看到爷爷奶奶也是慈悲为怀的善良人。

掸瓶

1998年，我和爸爸、大哥、二哥、光春回老家探亲。给爷爷奶奶上完坟后，到了德生家看望大娘。大娘那时身体还很硬实，快言快语，好盘着个腿，抽着个烟袋锅，抽完了顺手往鞋底子上一磕，再放上一锅烟叶，拿着火柴盒一划，点着烟叶，又抽起来。就这样反复地抽着，反复做着同一个动作。

我看到大娘的桌子上放着一对掸瓶，上面画有喜鹊登梅的图案，背面写着：

黄鹂鸣翠柳，白鹭上青天。

西岭千秋雪，东吴万里船。

掸瓶非常漂亮，我打小就喜欢这样的掸瓶。只可惜因家里穷，妈妈陪嫁的花瓶和其他东西又搬回姥姥家给大姨做了结婚嫁妆了，没有留下一点做纪念的东西。

我这个人心直口快，就对大娘说："大娘，我想让您老把这一对掸瓶送给我做纪念。"

它虽然不能讲话，却有着一百多年的历史

大娘不假思索地说："晋啊，给你，送给你做个念想。你拿走吧，这是我娘给我陪的结婚嫁妆啊！"

我高兴地很快就用纸把花瓶包了起来，装进箱子，放进汽车里。

这对掸瓶不是普通的掸瓶，是赵家的传家宝，它伴随赵家的大媳妇度过了几十年的风风雨雨，见证了赵氏家族兴旺的岁月，它清清楚楚记载了我们赵氏家族的辉煌。

大伯赵金海的四个儿子、一个女儿，个个都很优秀。儿子德生从天津回到老家，当了一名企业家，有一儿一女，孙子、外孙也长大了。大伯其他的孩子都在天津工作，家家幸福美满。

老叔赵金声有一儿三女，儿子赵光华在村里已经当了十多年的村支书记。他人品善良，朴实忠厚，为村民服务得很好。儿子赵亮也很优秀，孩子也大了。老叔的三个女儿都在做自己的小生意，生活得都很开心。

大姑的儿子董子淮在北京工作，一儿一女也在北京上班，都成家了，他们的孙子也都长高了。

二姑的儿女在天津塘沽，家家都幸福美满。

三姑一个儿子三个女儿，大儿子王新明在天津大港油田工作，现已经退休，孩子们也都已成家。三个女儿都非常孝顺她们的父母，他们的孩子都很有出息。

爸爸赵静远（金洲）二儿二女，在工作中都做出了优异的成绩。他们的儿女有硕士生、本科生，有搞科研的，有当企业家的，有当劳模的，等等。

今天，这对掸瓶在我家里静静地立着，它虽然不能讲话，却有着一百多年的历史。

正月十五

今天是 2013 年正月十五，又到了看花灯的时候了。

外面的鞭炮声起伏不断，五颜六色的火花把天空照得通亮。我又想起了往日陪妈妈看花灯的情景。瞬间，妈妈的笑声不停地在我耳边响起。

每年的这一天，也是双合成最忙碌的一天。程玉兰、马淑荣带领大家在滚元宵、卖元宵，一个个白敦敦的元宵，笑嘻嘻地陪着满面春风的顾客回家过节。带着双合成圆圆的元宵，甜甜的祝福，结束了过年的喜悦。

我和大家一样，从大年初一一直忙到正月十五。

我们做点心的，越到过年过节，越是我们的旺季。大家越是休息，我们的服务员就越忙。真是俗话讲的，辛苦我一个，方便千万人。

每到正月十五这一天，我都会安排大家早点下班，让员工早点回家，陪家人去看花灯。路上都是看花灯、看红火热闹的行人。

很多人早早就在马路边占个好位置，看各式各样的彩车、扭秧歌、踩高跷、背铁棍等等山西民间表演，那真是天空五彩缤纷，地上张灯结彩，路边花灯闪烁。

妈妈在世时，我每年都要把妈妈接到我家。即使我顾不上，爱人孙寅生也会主动去接。匆匆吃完晚饭，我便推着自行车，妈妈坐在后座上，寅生也推着自行车，前面车梁上坐着女儿翘妹，后座上坐着儿子孙翘，一路上我们边看花灯，边谈天说地。那时候，除了幸福还有啥？现在想起来，真有种吃蜜的感觉。

太原市委、市政府坐落在新建路，离我们住的省林业厅宿舍不太远，这里的花灯虽不是最全、最好、最有特色的，不过，各种造型的花灯倒也五花八门，多姿多彩。两个孩子高兴得不时喊叫着："姥姥快看，猪八戒背媳妇"。这个刚喊完，那个又喊："姥姥你看，这里面的小人还在跳舞呢"。妈妈目不暇接地看看这盏灯，瞧瞧那盏灯，脸上荡漾着孩子般的喜悦。我和爱人孙寅生看着妈妈和两个孩子，心里那个美啊！他们从心底洋溢出的笑容，现在回想起来我都很高兴。

那一天我们还要带着这一老两小去府西街、五一广场、迎泽大街看花灯。每当遇到扭秧歌、踩高跷、划旱船的，两个小孩在自行车上就手舞足蹈，伸着小手拉姥姥，嘴里喊着"姥姥看呐"，生怕姥姥少看了这民间艺术表演。

今天又是元宵节了，尽管我的孙女、孙子、外孙、外孙女在膝下转来转去，可我的心里好像少了一些兴趣，心里总是有点不得劲，脑海中总是浮现着与妈妈看花灯的情景。年年有今日，岁岁有今朝。又是一个正月十五，鞭炮声依然一声接一声，五彩缤纷的烟火依然在天空尽情绽放，我却没有了往日的兴趣。俗话说，过了正月十五就算过完年了，我想妈妈的心却永远没有终结。

过年

1997 年 2 月 11 日，大年初五，是我们家最后一次大团圆。

中国人过大年，出嫁的女儿初一要去婆婆家，不能在娘家。但两个哥哥是要回妈妈家的。到了初二，我和妹妹回娘家了，两个哥哥则去丈母娘家，我们兄妹四人总是碰不到一起陪妈妈过年。大家一商量，就定在大年初五回家陪妈妈过团圆年。

那一天阳光明媚，风和日丽。20 多口人聚在一起，家里的气氛顿时热闹了起来。我们兄妹四家围坐在妈妈身边聊起天来。妈妈端坐在床上，精神很好。她滔滔不绝地讲讲这，说说那，兴致很高。我 40 多年来从没有看到妈妈有那么大的劲头，那么能说会道。妈妈本来是个不爱言谈的人，她个子不高，但很秀气，五官长得很协调，给人一副很慈祥很善良的感觉。妈妈如数家珍地讲起来：

你大哥是个很上进的人，一辈子忠厚老实，就是做事太较真，太固执，太死板，不适应现在的潮流，不像现在的人见人说人话、见鬼说鬼话，不会办事。大红二红，你大哥在他们身上可没少下功夫，这两个孩子小时候太调皮，不好好学习，还玩火呢，差点出了大事。你大哥下了班，急急忙忙回家就给他们做饭。玉珍上班的地方太远，在河西，什么也顾不上。小燕还不错，学习也好，不让你大哥大嫂操心。现在总算长大了，就是大红我不放心，卖旧东西能挣几个钱，那可是不行啊！你们得给他想想办法啊。二红在酒店当小经理，工作还可以，好好干吧。

光宇可是不省心，“文化大革命”搞派性，那一派的追着要割掉他的耳朵，我害怕，就把他送到你北固碾的四嫂家躲起来，躲了好几个月。现在他和我们住在一起，很孝顺，就是脾气不好，经常和你爸爸生气。他回了家就给我和你爸爸做饭，我现在基本不做饭了，有精神就给他们准备准备。学珍也很好，就是上班太远了，早晨走了晚上才能回来。把小臭惯得不像样，要干啥就干啥，随着性子来，将来可要吃亏了，你们看着吧。小臭可得改改了。

晋啊，能吃苦肯干活，家里她干的活最多。从小就担水、洗衣、拉平车、买高价粮，服务站里有啥活她干啥活，也不叫苦叫累，宿舍里的人没有不夸她的。到面粉二厂拉面袋和你二大娘一起去，一个人拉平车上体育馆的大坡是很危险的，拉回来的面袋全靠她洗了。我们家自从晋上了班到了泰山庙副食品市场，经常买些骨头回来，熬上一锅骨头汤，我们家的生活才算改善了很多。那时骨头也便宜，七分钱一斤，肉吃了骨头还能卖钱。看到你们吃得那么香，我和你爸爸也高兴。晋上班的时候，咱们家炕上还铺着草垫子呢。现在可好了，条件不一样了，你们都过得不错。就是光春还小，经的事少，没多大出息，你们要好好照顾她。靖宇人不错，对光春也好。飞飞学习很优秀，要听你妈的话。寅生在铁路上班太辛苦，你们的房子都住得太小了。翘和翘妹你们要好好照顾，别为了工作耽误

了孩子的学习，叫他们好好学习考上个好大学……快到中午了，妈妈还在叨叨。

中国老传统，初五全家要吃“破五”饺子，还要放些鞭炮。可是，妈妈还是不停地叨叨：你爸爸穿的裤衩要宽大的，我已经做好了，放在箱子里。妈妈爸爸“不和”了一辈子，但我从没见妈妈和爸爸吵过架。只见爸爸大吵大叫，摔桌椅板凳锅碗瓢盆，妈妈只是默默地流泪忍受着，但她还是对爸爸体贴入微。

爸爸坐在沙发上一直在看报纸，时不时地点点头。妈妈还特意告我，“晋啊，妈告你，咱家要是有了大事你可要出来管管啊。还有，光春她太小，你要管她呀，这样妈就放心了。我说，“妈你放心吧，你累了，不说了。”

“不累！”妈妈斩钉截铁地说。

这个大年初五，就这样过去了，我们全家又高兴又难过。妈妈一个一个数落了她的儿女子孙，交代着她的后事。妈妈有太多太多的生活智慧，她在谈笑风生的过程中说了她想对我们讲的话，让我们大笑不停，回味无穷。我回想起来，当时真的很傻，不知道叫电视台的朋友来家里给摄个像，做个永久的纪念。

天快黑了，我们各自都要回自己家了。看着妈妈那依依不舍的样子，心里真是难过。而初五的这一天也就是我们全家过得最全、最美、最高兴、最难过、最有意义、最值得回味的最后一天。

这就是我们和妈妈的最后一次过年。

悔

1997年3月25日，我当选为太原市人大常委会委员。晚上9点多在太原南文化宫开完会，我急急忙忙地赶到太原市商业职工医院四楼病房去看望妈妈。当时，病房里只有大哥在陪侍妈妈。屋子里静悄悄的，只能听到妈妈睡觉的呼吸声。妈妈左侧着身，脸向外睡着，睡得真香啊！

我和大哥两人坐在妈妈对面的沙发上，小声地说着话，生怕把妈妈吵醒。大哥说，今天妈很好，吃了些东西，看来精神还可以，就是念叨光春为什么还不回来。

我告大哥说："今晚我陪妈，你回去休息吧，这几天我开人大会也没有陪侍妈妈"。

大哥随口说："你太累了，不用了，还是我在吧。"

我接着说："明天市人大会就结束了，会开完了我就多陪妈几天。"

我和大哥两人静静地坐着，看着妈妈安详熟睡的样子，已经没有多余的话可讲了。我俩都默默地为妈妈祈祷：妈妈一定要挺住啊，一定要等光春出差回来啊!

妈妈知道自己病重，可是妹妹要出差去广西桂林。妹妹在山大三院当护士，出去的机会是很难得的。妈妈对妹妹说：“你去吧，你出差的机会不多，你哥哥、姐姐都能去，你也能去呀。”妹妹和妹夫就听妈妈的话去了桂林。他们走后，妈妈天天都在念叨，“春啊，还不回来，你回来我就死了！”

“妈，你说什么呢？光春快回来了。”我和哥哥不停地安慰着。有一天，半夜妈妈醒了坐起来，就问：“光春回来了没有？”我说：“没有，光春还没有回来，因为她刚走了几天。”她“唉”了一声，这成了妈妈的心病。她心里一定是想在走之前要和儿女们见一面，但当时通信工具没有现在这么普及，妹妹他们没有手机，一直联系不上，唯一的办法就是祈祷妹妹快点儿回来……

我心里不停地祈祷妹妹赶快回来，想着想着到了晚上10点多了。

大哥说：“光晋你快回吧，明天还开会呢。”

我看着妈妈睡熟的样子，真想去亲妈妈一口。这一念头瞬间涌上心头，但又怕把妈妈吵醒，妈妈睡个好觉是太不容易的事。我呆呆地在妈妈身边站了几分钟，起身出门了，这一走竟然酿成了我终生的悔恨。

第二天我在去南宫参加太原市第九届人大闭幕会的路上，接到大哥的电话，说妈病危了，你赶快到医院。我多年来最恐惧的事发生了，这是我最害怕的事。妈，妈，我哭着喊着跑到病房，妈妈已经不能讲话了。我趴在妈妈身上哭啊哭啊：都是女儿不孝，都是女儿不孝，妈，我没给你做过一顿饭啊，妈，你睁开眼再看看我呀！你醒醒啊，妈，我不走了，今天开完会，我就能陪侍你了！妈，你再等等啊！妈妈，光春还没有回来呢！妈，都是我不好，都是我不好。妈，你再看看我啊！妈妈的呼吸

声越来越小了。妈妈就这样扔下我们走了。

不管我怎么呼唤妈妈，妈妈都没有醒来，她睡熟了。

妈妈睡了，妈妈永远地睡了，她一生起早贪黑、披星戴月，缺的觉太多了太多了。妈妈，您睡吧，好吗？睡吧，好好地睡吧。妈妈忘却一切烦恼地睡了，妈妈不用再操心地睡了，妈妈放心安心地睡了，可是内疚、悔恨却深深扎在我的心里。

十七年过去了，我无法原谅自己的不孝，悔恨我没有勇气去亲妈妈最后一口，让妈妈仅有的温度去温暖我的心房，每每想起我就痛恨自己；悔恨我没有给妈妈做一顿可口的饭菜，让妈妈最后能吃上女儿亲自动手做的饭，我痛恨自己的不孝；悔恨我没有陪妈妈度过她那最痛苦的日子，让妈妈减轻她身体上的痛苦，我痛恨自己不珍惜当下拥有的一切；悔恨、悔恨、悔恨将无法原谅地伴随我一生。

初二

昔日红花娇，今日娘家红，初二回娘家，女儿更幸福。

初二回娘家是中华民族的风俗传统，姑娘一出嫁，每年初二必须回娘家。我过年回娘家已经有35年的历史了，中国过年回娘家习俗永远不变，可我的娘家却有了翻天覆地的变化。妈妈离开我们16个年头，爸爸也走了7年了。

妈妈走后，有爸爸在家，我们回家过年还是很开心的。爸爸会精心给我们姐妹两家人做我们爱吃的鱼、虾、红烧肉、饺子等等。回娘家想起妈妈在的时候，我心里总有个靠山，有一个可以让我放松的家，那就是回去不干活，而且还可以放松地、好好地睡一大觉。真是女人是朵花，女人是个妈，女人是个家。有家就幸福，有妈就快乐。可是妈妈走了，扔下我们永远地走了。

爸爸妈妈走后，我最不想过年。俗话说，“过年关”，过年对我来说就是过“关”。回娘家的“关”真难过，过这个“关”使我痛苦不堪。

每年初二看到满大街的男人、女人、小孩穿上漂亮的新衣服，笑容满面地拎着大包小盒，还有双合成的点心回娘家的情景，我的心就在流血。好伤心啊，双合成那么多的好点心、好蛋糕，爸爸妈妈都不能品尝了，我真正体会到了无家可归的滋味。

看到这个场景，我就暗自下了决心：我要和所有人一样，要回娘家。主意一定，我就准备妈妈爸爸爱吃的好东西，点心是少不了的，还有鱼、虾、肉、螃蟹、酒、饮料等等，带上这些东西，我要到爸爸妈妈住的天龙山仙居苑陪他们一起过年。

今年，我照样准备了些好吃的东西，还有“回娘家”礼盒、水果等。爱人孙寅生和往年一样一同前往，儿子孙翘也要去看姥姥、姥爷。不同的是翘妹的女儿如意还小，儿媳佳佳的儿子吉祥刚满两个月，我没有让她们去。但是一起回娘家的还有妹妹光春，外甥飞飞。我们姐妹两家人高高兴兴地坐上刘斌开的福特房车驶向了美丽的仙居苑。

仙居苑位于太原西山顶上，是龙脉的风水宝地，哈哈，爸爸妈妈高高地坐在山顶上，看着漂亮的太原古城和壮丽的汾河，弯弯曲曲的盘山道就像一条巨龙在腾飞，满山遍野的苍松翠柏把山脉打扮得更加庄严雄伟。

我们拿着礼物走到了爸爸妈妈永久住的地方，我惊呆了，山楂树不见了，碑上满是尘土，花也没了，守护着爸爸妈妈的保镖“大象”身上的花也不在了，地上有很多杂草，我哭了，哭得很伤心，妹妹也哭了。

我恨，我恨我自己，为什么年前我没想到过来给妈妈爸爸打扫家呢？仙居苑本来就有专门打扫卫生的保洁员啊，为什么今年过年却没有人打扫呢？大家谁也没讲话，寅生马上开始带头打扫卫生，不一会儿20多平方米的“家”就打扫得干干净净了。可是我的心却久久不能平静，回娘

初二回娘家全家合影

经常，这里成为我的娘家

家就必须先把娘家打扫干净啊，因为我多年养成个坏毛病，靠惯父母兄嫂了，自从结了婚我再没有帮妈妈打扫过家。爸爸妈妈在家时，是二哥、二嫂他们打扫家，住到了仙居苑是保洁员在打扫。

我是一个工作狂，一心扑在双合成，用心、专心、持续地工作，家里其他的事情好像根本与我无关，妈妈也从来没有埋怨过我，想想真是不孝。爸爸妈妈，二老原谅我吧！

回到娘家看看，我还得和爸爸妈妈唠叨几句。爸爸妈妈：你们放心吧！我们兄妹四人个个都过得很好，我已经有了四个孙子、外孙了。2012 年是龙年，我又添了一个“龙女”和一个“龙子”，真是龙凤呈祥，喜事连连，爸爸妈妈您二老高兴吧！托您二老的福啊，是您二老给我们后代积下了大德。翘和翘妹都很孝顺，儿媳佳佳、女婿慧君都很听话，久久、Daphe 都长大了，您放心吧，下次回娘家我一定会先把您住的家打扫得干干净净的。有事的时候，您老就给我托个梦啊！

回娘家看看，还得回自己家。我们依依不舍地走了，留下的还是爸爸妈妈，他们自己在仙居苑过天堂的生活。

笔

今天上午，我和王建中参加了晋中市承办的中国第九届粽子文化节筹备会。会议由晋中市政府杜建英秘书长主持，列席的领导有晋中市开发区主任张林涛、介休副市长李兴国等。本来我们要乘坐上午的飞机去上海参观苏州德胜公司，但因这次筹备会我们把机票改到了下午2点多。

吃过午饭，我俩急急忙忙地赶到了太原武宿机场。在候机大厅，我一抬头就看见了我的小姑子女女在机场安检处，她仰着头，踮着脚尖，四处张望。我连叫她几声她都没有听见，好像在四处寻找什么，直到我走到她身边拍了她一下，她才转身叫了一声“二嫂”。我忙问：“是不是丽丽要回上海？”女女说：“两点的飞机，你去哪儿？”我忙解释：“开了一上午会，我也去上海。”女女急着告诉我，“丽丽进安检了。”我笑着说：“你回吧，我和丽丽是一趟飞机，我去找她，放心吧。”

我和丽丽在飞机上聊起来，她对我这个舅妈始终充满了尊敬，我也为有丽丽这个外甥女感到骄傲。

爸爸经常送人钢笔，希望大家好好学习

丽丽大名叫赵丽，是我小姑子的女儿，也是我们家的大秀才，现在在上海交通大学上大四，学的是市场营销专业。她一毕业，就要出国上研。我告诉丽丽明年是我爸爸妈妈诞辰100周年，我正在收集和撰写书稿，准备出版一本缅怀爸爸妈妈的书，好让子孙后代了解、认识、怀念在另一个世界两位无私奉献的老人。我拿出随身携带的笔记本电脑，给丽丽读了两篇我追忆爸爸妈妈的文章，还没读完，丽丽哭了，她的哭声惹得我也流下了眼泪。

丽丽边擦泪水边说："时间长了，姥姥很多事情我不记得了，但是姥姥那个模样我还能想起。姥爷的事情我记得很多。姥爷在世时，我每年都去看姥爷好几次，每年姥爷都要送我一支笔，而且每年的笔都不一样。每次送我笔时，他都非常认真严肃地说，'丽丽要好好学习，锻炼身体，我给你笔，是要你好好努力，学好本领，将来报效社会，成为一个能为国家多做贡献的人，给你爸爸妈妈争气啊！'至今我还保存着几支笔，还是崭新的，总是舍不得用了，留下来做个念想。姥爷可有意思了"。

丽丽说着有些激动，看得出丽丽和姥爷的感情很深，而且丽丽现在做人做事都很不错，心中常有个远大的梦想。这不，大学一毕业就又要到英国去深造，看来丽丽是实现了姥爷当年的嘱托和希望，丽丽可以用自己的成绩告慰九泉之下的姥爷了。我很高兴。

爸爸就是这样一个人，朴实、热情、大方、关心人，时时刻刻散发大爱之情。更可贵的是爸爸不仅对自己的亲人是这样，对别人的孩子也一样。双合成员工靳跃萍、程玉兰、郭美文、王成俭等人的孩子每年不但能收到爸爸送的笔，还能收到50元的压岁钱。这些事情我都不知道，事后他们才告诉我："经理，赵大爷又给孩子笔和钱了，我们真过意不去。我们还没有孝敬大爷，大爷倒常这样关心我们。"所以，他们得知爸爸去世的消息后，哭成一片。送爸爸走时，整个永安陵园站满了双合成的员工和前来祭奠爸爸的亲朋好友。爸爸是个好人，这就是大家的结论。

说到爸爸送笔，真不知道爸爸买了多少支笔，花了多少钱，送了多少个孩子。

飞机马上就要降落在上海虹桥机场了，空姐已催我关闭电脑了，丽丽给我讲述了她心里的故事，让我又想起很多很多。

又是过年

今天是2013年2月10日，大年初一，我们给婆婆磕头是必不可少的。我们请婆婆坐在沙发的正中间，我和寅生两人跪下给婆婆磕头：一拜祝妈妈身体健康，二拜祝妈妈福寿绵长，三拜祝妈妈万寿无疆。

接下来是儿子孙翘和儿媳佳佳，还有孙女孙煜馨和两个月大的孙子小吉祥孙煜东，女儿孙嬻真妮、女婿刘慧君、外孙刘宇航、外孙女小如意刘欣彦，他们八人一起跪下，给奶奶磕头祝福。我们每家都要给老人孝敬钱，我们给婆婆一万元，两个孩子给奶奶五千元。奶奶也要给她的孙子们每人五百元的压岁钱。

还有两个亲家，女婿的父母、媳妇的妈妈也在我们家。今年我们家可真是大团圆，孩子们也给他们的父母磕了头，尽了孝。全家共14口人，其乐融融，幸福无比，真是吉祥如意。

看到我们这个大家庭过年的情景，我不由得想起了我们童年和爸爸妈妈一起过年的时刻。小的时候家里很穷，每到过年时，必须要继承过去的老传统，孩子给大人磕头拜年。我清楚地记得爸爸妈妈很庄重地坐

饺子破了，日子就破了

在两把破旧的高凳子上，我们兄妹四人穿上新衣服，排起队给爸爸妈妈磕头，向爸爸妈妈问过年好，磕完头我们才可以吃饺子。煮饺子是爸爸的拿手好戏，但爸爸是很讲究的，煮饺子的时候，皮千万不能破了，饺子破了我们可就遭殃了，爸爸会认为这一年不吉祥，不顺利。特别是两个哥哥更得小心，爸爸不高兴就会打上去，有时还要拳打脚踢。吃完饺子我们才可以到外面找同学玩，这个同学家出来那个同学家进去，一天都不想回家吃饭，直到很晚才回家。

现在回想起来爸爸身上的担子太重了，生存的负担，生活的负担，精神的负担……爸爸一生经历的运动太多太多了，三反、五反、肃反、“文化大革命”，每次运动爸爸都是被整的“运动员”，他天天担心害怕，每天生活在恐惧当中。每到过大年时，就连饺子破了都怕一年不吉利，摔个杯子更是不吉祥，难怪他连过年都是提心吊胆，可见平常他更是胆战心惊地工作。

现在日子一天比一天好了，我房子也住大了，儿孙满堂了。今天又到过年的时候了，我把爸爸妈妈“请”回家里，他们二老还是端坐在那里和我们共吃年夜饭，我仿佛又回到童年，我们兄妹给爸爸妈妈磕头的时候到了。

我随手写下送给父母的新春祝福：

银蛇狂舞新年到，爸爸妈妈过年好。

天上人间一家亲，吉祥如意步步高。

一敬天地二敬祖，三敬公婆和您老，

天龙山上看您去，父母精神永不倒。

行善积德传家宝，代代相传真自豪。

三张照片

第一张照片——

这是 1961 年 2 月 19 日春节时的全家合影。爸爸高大英俊，妈妈善良精丁，两个哥哥帅气不凡，妹妹 3 岁，手里还抱着一个小布娃娃。我九岁，梳着两根辫子，扎了起来，像朵花似的，身穿花衣服，是妈妈给我做的。

瞧这一家人，其实当时正是三年经济困难时期，一家六口过着食不果腹的日子。每天用特号大铁锅做红面和子饭充饥。春天，剥杨柳树叶子（用冷水泡开水煮），掺上少量红面，蒸菜窝窝吃，几乎是天天挖野菜。每天爸爸带上布兜到水塘里捉青蛙，回家煮上吃，或用酱油渣掺上点红面烙小饼子吃。因酱油渣里含有盐酸，吃了大便不通，有时拉不下来能憋死人。

妈妈吃红面山药蛋芽拨烂子，几乎要了命。因《山西日报》刊登了“山药蛋芽含有几种毒素，如误吃中毒时，就急去医院抢救”的文章，这才知道妈妈是因为中毒吐泻不止。那时，爸爸妈妈长年浑身浮肿，爸爸浮

一九六一年春节全家合影

肿得更厉害，一次住院就住了56天。

两个哥哥住校回家走时，总要带上几个胡萝卜充饥。爸爸妈妈含辛茹苦地把我们四个兄妹养大，真是受尽了万苦千辛。

第二张照片——

1995年3月12日，妹妹光春和妹夫靖宇从日本回国，全家为爸爸82岁祝寿，全家合了影，这时已是20口人的大家庭了。

爸爸抱着重孙赵剑麟，妈妈旁边，二哥抱着我外甥马逸飞，她今年28岁了，这个月底就要结婚了。爸爸妈妈的四个孙子都有了自己的孩子，他们的两个外甥也都有了一儿一女。我算了一下，我们全家共有40口人了，大家都生活得很幸福。改革开放三十年了，现今家家户户变化很大，人人有车开，家家有房住，真是幸福无比。

第二张照片

2013年春节我们的全家照，全家福。

我已到了花甲之年，日子真是幸福极了，每天工作劳累，回到家里，有叫奶奶的，有叫姥姥的。两个孩子长得聪明漂亮，孙子吉祥下个月就满周岁了，孙女在新西兰出生，已经三岁多，外孙久久已快六岁，外孙女如意也一岁半了。四个孩子在家里闹翻了天。婆婆常说：家里又是托儿所，又是幼儿园，奶奶（婆婆自己）是园长。婆婆又操起她的老本行，当起她在幼儿园工作时的阿姨。

家里每天热闹非凡，快乐无比。

老公孙寅生内退以后，来双合成工作已有十多个年头。他每天精神头很大，开着辆路虎，可神气了。一双儿女孙翘和翘妹过得都很舒心，

一九九五年全家照

在双合成工作也很卖力。儿媳张林佳和女婿刘慧君也让我满意。总之，我每天很开心。

这就是三张照片。不同年代，不同照片，反映了不同的生活背景，不同的生活情景，这也是四十多年的历史见证。祖国繁荣，经济富强。我也有实力带上孙女 Daphe 和外孙久久到美国游玩，我们看了美国的旧金山、拉斯维加斯、洛杉矶三个大城市。参观了闻名世界的电影王国、环球影城，乘电力拖车到了各电影拍摄布景区，真实地感受了旧金山大地震、洪水暴发、大白鲨食人等惊心动魄的场景。我们还乘船回到恐龙时代的侏罗纪公园，体验了芝加哥大火的热浪冲击，参观了星光大道、美国大戏院、奥斯卡影片专用影院、杜比剧院。久久、Daphe 都很开心，高兴得不得了。美国是世界的强国，但中国是最伟大的，中国人民是最伟大的。

二零一三年春节全家照

糖

四嫂是一个非常让人尊敬的人，她叫边笑珍，四哥叫赵基元，在老家是一个出了五服的亲戚，但在太原可就是最近的亲戚了。她在太原市公交公司居住，四哥是公交公司的职工。

俗话说，远亲不如近邻。一是我们家离公交公司很近，我家在省体育馆牛站宿舍住；二是两家人走得很近，妈妈没有说话的地方就要到四嫂家去唠叨；三是四嫂对我爸爸妈妈照顾得无微不至。

记得四嫂是1961年从老家迁到太原的，那时我还小，大约十岁。四哥在锅炉房上班，我经常要去锅炉房旁边的澡堂洗澡，去了以后四哥就给我五分钱让我买冰棍，那时两分钱一根冰棍。四嫂对我就更热情了，我去了四嫂家，只要有一点好吃的，四嫂总是拿出来让我吃。小果子、糖块什么的，四嫂总是要揣到我的兜里。我舍不得吃就回去给妹妹，妹妹拿上糖块高兴得手舞足蹈，一会儿让院里这个小孩看看，一会儿让那个哥哥看看。那个年代吃块糖都是开心事，即使现在回想起来，我都很

四嫂一家人，您猜猜谁是四嫂

兴奋。

其实四嫂家很困难，四个孩子都很小，就只有四哥一人上班赚钱，供养一家六口人生活。四哥和我爸爸一样脾气不好，我发现赵家都不是好脾气，不过都具备孝顺老人的孝心。四哥一个月也只有 30 多元的工资，每月还要给老人寄点钱，四嫂从不阻拦，宁肯自己勒紧裤腰带吃糠咽菜，也让老人受罪。

四嫂活做得非常好，她也常给别人裁剪衣服，赚个块儿八毛的补贴家用，自己从来舍不得做件衣服穿，可是孩子们建文、建峰、建萍、建智却一个个穿得体体面面的。这就是四嫂，在家省吃俭用、抠抠巴巴，在外热情大方、助人为乐，在家吃苦受罪无怨言，在外主动帮人不图利。这就是四嫂的高尚品德，她是一个受人尊敬的好四嫂。

四嫂家

每到过年，我都很高兴，不光在家里能吃上好吃的，穿上新衣服，还能到四嫂家去拜年。每年到了四嫂家，我就很开心。你知道为什么吗？四嫂早早就给我们兄妹准备好了大块的炖肉，还有我们爱吃的鱼。四嫂对我们比亲嫂子还要好，总是包好饺子等着我们，皮薄馅大，特别是羊肉胡萝卜的更是好吃，一口饺子满口汤，真美。

可是，我们吃饭的时候，四哥、四嫂总是不让他们的孩子一起吃，嘴里还不停地说："萍萍、小智，让你们伯伯大姑二姑先吃，听话啊，你们刚吃了饭一会儿啊。"不管我们怎么叫，这几个孩子都很听话，连说："大姑你们快吃吧，我们吃过了"。

四嫂亲自做了一桌子好吃的，有鱼，有大块肉，还有烧肉，热气腾腾的火锅，大馅饺子，好吃极了。四哥、四嫂陪着我们吃，但他们拿着筷子不动，只给我们兄妹这个碗里夹块肉，那个碗里夹块鱼，"大妹你多吃点，看你瘦的。二妹你快吃呀，多吃点饺子，四嫂给你们煮饺子去。"

四哥、四嫂总是这样热情，待我们和亲人一样。

在家里有好吃的，爸爸总是给我们分配份额，吃完是不能多吃的。但到了四嫂家我们就可以放开肚子吃了，特别是我，要饱饱地吃个够，大肉块一块接一块地吃。我写到这里又想吃四嫂炖的大肉块了，这些年工作比较忙，我已经好多年过年没有去四嫂家拜年了。有时候去看望一下，也顾不得吃饭。不过现在生活富裕了，大肉块好像不稀罕了，经常可以吃上，家里有时也会炖肉，不过哪里也比不上四嫂家炖的大肉块好吃。

再有三个月就要过年了，今年我可不能错过机会，我要到四嫂家吃饭，可不能少了炖大肉块和黄花鱼吃哦！

两个女人

赵家都是臭脾气。我妈经常说，你爸爸和你四哥，他们爷俩是一样的，脾气很坏，我昨天到你四嫂家，你四哥又和你四嫂生气了，你四哥嫌你四嫂又吃剩饭了，该扔的不扔了，还吃，不要命了。但是你不能好好说吗？你四哥又是摔盆又是摔碗的，让你四嫂又哭了一顿。

我见到四嫂，四嫂和我说：二婶前几天来我这里了，二叔又和二婶生气了。你们礼拜天吃完饭走后，二叔就开始摔碗摔筷子，嫌弃二婶做的菜咸了，嫌炖鱼炖得时间短了。光晋常不回来，回来一次让孩子还吃不好饭。二叔嘟嘟囔囔了二婶一个晚上，二婶气得第二天来我这里哭了一下午。“她四嫂啊，我跟你二叔过了一辈子，受了一辈子气。在老家的时候，我受婆婆的气，受大嫂、小姑的气，现在孩子们都成了家，他还是动不动就摔盆、摔碗、摔凳子，一不高兴就拿我出气，我真想找地方不回去了。孙子晓琼回家饭稍微晚一点你二叔就会骂人。我这一辈子真不容易啊！”

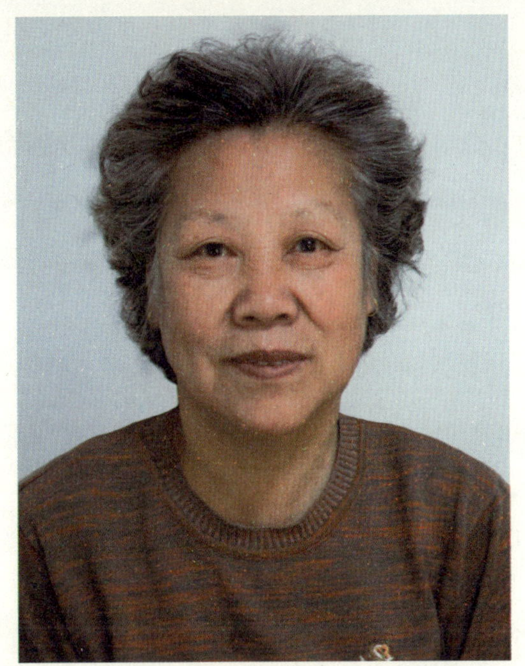

四嫂是个善解人意的人

“二婶您老别生气了，说出来就好了。二叔为人好，就是脾气不好，和他（四哥）是一样的坏脾气，动不动就骂人。有什么办法呢？老赵家脾气大，在老家是有名的，我也早就领教够了。”

“她四嫂，你们可不知道，每顿饭就没有满意的，不是菜咸了就是淡了，不是硬了就是软了。唉，快五点了，我得回去了，顺便买点菜回去做饭。”

就这样四嫂家成了妈妈的避风港，妈妈一不高兴就会到四嫂家去唠叨，去释放自己的心中不快。

我家里的大事小事，四嫂是最清楚的。大哥、大嫂两口子生气了。爸爸嫌二嫂吃完饭不洗碗了，又护着臭臭（晓琼）。我和寅生吵架了……光晋又要到北京开会了，当上劳模了等等。虽然都是些陈芝麻烂谷子的事，但妈妈总要去四嫂家说说。

我非常感谢四嫂全家，妈妈只要一生气就会到四嫂家去解闷，妈妈能活个大岁数和四嫂是分不开的，因为四嫂是妈妈的开心果。

叔侄三人

1997年3月27日妈妈走后，爸爸孤零零的地一个人度过了8年时光。我们几个儿女每次回家，最多吃上一顿饭就往自己的小家跑。二哥二嫂忙着上班，就剩下爸爸一个人，还好，爸爸88岁时自己忙着写自传，减少了很多孤闷的感觉。

他只要不开心就会到四嫂家去。爸爸在四嫂家吃饭，和四哥品上两口小酒，四嫂给准备上丰富的各种小菜。红烧肉是少不了的，红烧黄花鱼也是必须有的，虾米皮炒鸡蛋也是要上的，虾酱豆腐是爸爸爱吃的。总之，爸爸和四哥两人聊天，谈天说地谈老家。俩人对杯喝着汾酒或者竹叶青酒，爸爸还爱喝双合成喜酒。吃完饭四嫂就让爸爸睡个午觉，这一睡就是一下午。

爸爸只要在四嫂家，就会想起妈妈。爸爸拉住四嫂的手：

“笑珍啊，我每天都在想你二婶。我一辈子脾气不好，动不动就发火。那时在单位上也不顺，每次运动我都是被挨整的人，你越是正派，整你的人就越多。不过你二叔这一生能对得起良心。我没有做过伤天害理的事情，能对得起赵家的祖宗，没有给他们丢人。唉，没有好好活呢就老了。”

“人这一辈子真是不容易，我也经常想起我娘我爹和我兄弟姐妹们的不易，我要交代儿女们：我闭眼也要回老家，去伺候我娘他们。”说着说着爸爸哭了，“所幸的是，我放心光中、光宇他们四个，家家都过得很好。你二婶就是不放心光春，说她还小，光春过得也好，女婿靖宇人品也好，飞飞也长大了，也快上大学了，我也放心。光晋就是工作累，她担子重，老字号要发扬光大，要下辛苦，不过光晋心直口快，有事不往心上搁。她四嫂，我有事也只能和你唠叨几句。你和基元也岁数大了，你们也要保重身体啊！”

四嫂边擦眼泪边劝爸爸：

“二叔，少想一点吧，二婶的一生，你对待她不错，你发脾气也正常，基元也是天天和我嗷嗷叫，我不多理他就没事了。”

“光春你也放心，有她姐姐照顾，也错不了，他们几个孩子的工作都不错，都不是下岗工人，生活错不了。二婶也是瞎操心啊，二叔你瞎操心干嘛呀！”

他们爷仨你一句，我一句，说个不停。天快黑了，爸爸睡醒了，话也说完了，该回家了，爸爸在全爱阿姨的陪同下，拄上拐棍回家了。四嫂成了爸爸的依靠，四嫂家成了爸爸的依靠。

我回到家里，爸爸总是会告诉我，“晋啊，爸爸又到你四嫂家去了。我告诉你四嫂我还要回趟老家，你四嫂劝我不要回了，说天气又冷，说我岁数大了。我也想好了，就不回老家了，你四嫂还给我带着红烧肉呢，这两天我每天吃。”爸爸高兴，我很开心，感谢四嫂。

三个姑姑

妈妈认字不多，但是脑筋聪慧，记忆力很强，她是一个智慧、贤淑、宽容、善解人意的老人。从妈妈给我讲的故事里，多多少少知道了一些关于大姑、二姑、三姑的故事。

大姑命很苦，很可怜。她结婚早，生下一儿两女，二十多岁就去世了。在我二表姐出生时，因产后中风，大姑和二表姐都去世了。第二年大姑父也因病去世了。我子淮表哥当时只有十来岁，成了无依无靠的孤儿，吃不饱，穿不暖，是我奶奶收留了他，我妈妈照顾他的生活，缝缝补补、洗洗涮涮，每天给他做饭，检点他上学。我妈妈把对大姑的爱全都倾注在子淮表哥身上。

二姑心地善良，性格内向，不爱说笑，有什么委屈都放在心里，不和别人说。找了个回民姑父，去了天津塘沽，生活不习惯，受了很多苦。二姑的几个孩子都很有出息，都很孝顺。

我没有见过三姑，听妈妈讲，三姑没有出嫁前可关照妈妈了。我很敬佩二姑，特别想去天津塘沽看望她老人家，因为单位领导不准假，没有实现自己的愿望，是我终生的遗憾。

三姑，有啥说啥，性格开朗。姑父人很好，在家开了个小门脸儿卖个针头线脑什么的，日子过得很滋润。三姑生了两个儿子三个姑娘。大表哥王新民在天津大港油田卫生所任所长，大表嫂是位典型的贤妻良母，为人热情、大方，又很孝顺。表哥、表姐、表妹们对老人都很关爱，经常给老人买鱼、虾、鸡……体贴入微，问寒问暖，是我们学习的好榜样。

我从妈妈的讲述中深深体会到，妈妈与三位姑姑的感情深厚，也体会到赵氏家族是个和谐温馨的大家族。我们一定要把这一光荣的传统继承发扬下去。

第五集

我们

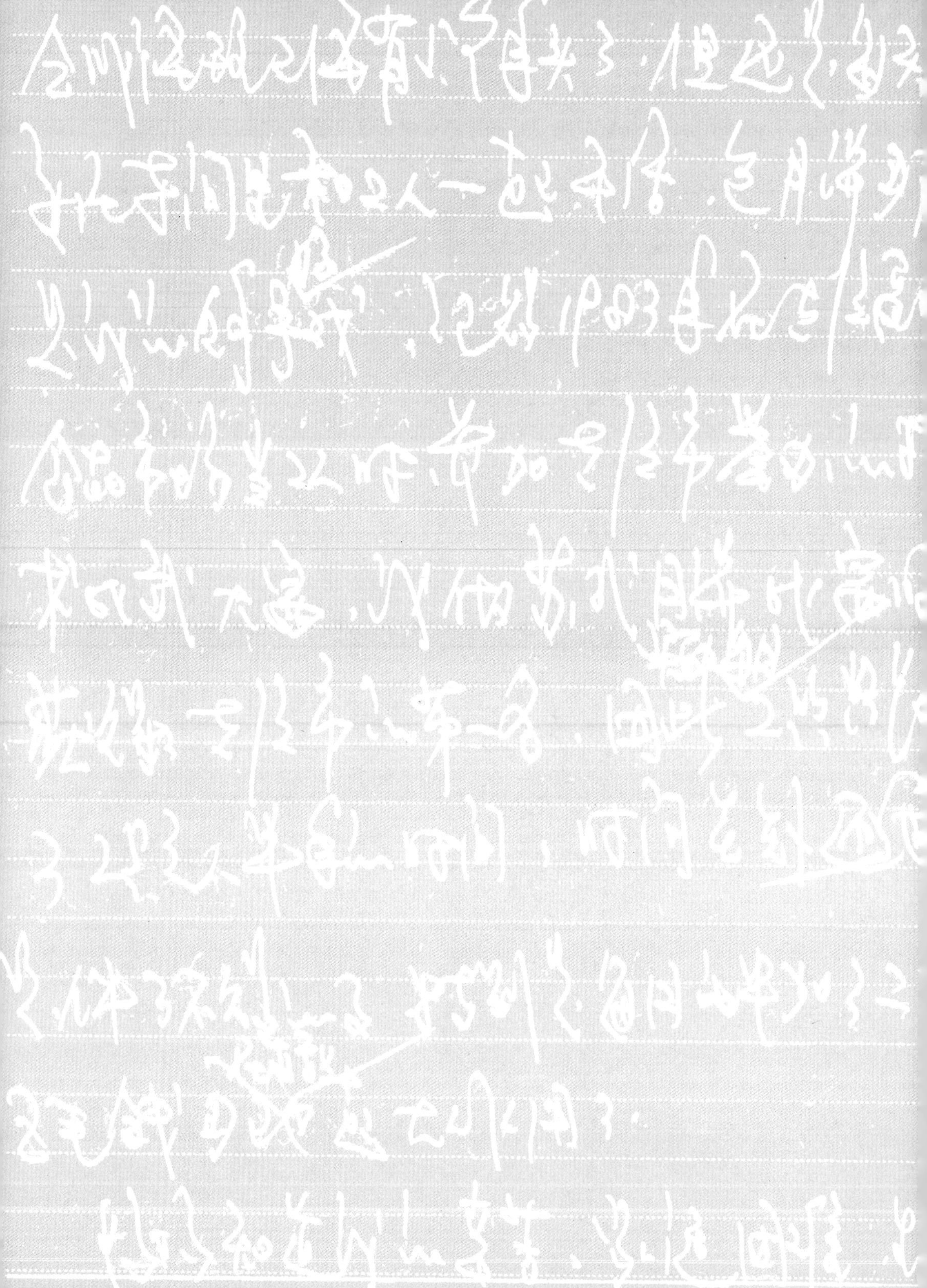

逮蚂蚱，吃蚂蚱

你吃过蚂蚱吗？可能很多人没有吃过。

我们小时候可是吃过不少的蚂蚱。那时我很小，还没有上学，经常跟上两个哥哥疯疯癫癫地到处跑。他们到哪儿都必须带上我。特别是我的二哥，他比我大四岁，又爱玩，又爱闹，只要有特别好玩的地方，他肯定带我去。

20 世纪 60 年代，离我们家不远的地方是庄稼地，也是长草的地方，就有很多蚂蚱。记得两个哥哥带我去逮蚂蚱，我们每个人都拿着玻璃瓶子，是为了把逮住的蚂蚱装进去。

我们出发了，到了牛站宿舍外面的庄稼地里，蚂蚱飞来飞去，我见哥哥用两只手一扣一扣的，就把蚂蚱逮住了，于是我学着他们的样子，蹲下，弯着腰，看见蚂蚱落在地上的草丛中，就快速用手扣住。

蚂蚱可聪明了，跳得飞快。我经常扑个空，逮不着蚂蚱，就不停地埋怨。不过有两个哥哥，还是逮了不少。

回到家里，两个哥哥就用个小尖棍扎在蚂蚱的屁股里，放在土火炉上烤了起来。蚂蚱烤黄了，就递给了我，让我先吃。现在想这事，还真不记得是什么味道。

那时，天天饥饿难忍。每天不是吃玉米面菜团子，就是喝稀饭，要不就是玉米面糊糊。我清楚地记得，我拿了一只烤好的蚂蚱给妈妈吃。

妈妈说："晋啊，我不吃，你喜欢吃你就吃了吧。"

妈妈哪里是不想吃，分明是舍不得吃啊！妈妈话没说完，我一口就咽到肚里了。现在想起吃蚂蚱的事，我简直恶心得想吐。

两个哥哥不知道怎么就晓得吃蚂蚱，是谁教他们的呢？他们一定比我受得累大，吃得苦多，饿得还厉害。特别是大哥比我大十二岁，他们时时处处照顾我，有吃的也是先给我吃。唉，谁叫他们比我大呢！

吃蚂蚱的事儿就写到这里吧！不然我又想吐了。但是，想起来妈妈宁可自己饿得浑身浮肿，还得照顾爸爸和我们兄妹四人，就连一个蚂蚱都舍不得吃，心里觉得酸酸的。

拉烧土

烧土，可能大部分人都懂，可烧土是干嘛用的，北方人，特别是老太原人都知道，南方人或现在的年轻人估计就说不上子丑寅卯了。

过去家家户户用的是土火炉，用砖砌的或缸做的火炉，有办法的人家是用铁炉子。那时候炭块很少，不做饭的时候，炉子不用了，要用煤泥封住，中间用火柱扎个小洞，既不让火苗旺起来，又不能把火灭了，其实最重要的是怕浪费煤糕。封火用的是煤面和烧土和成的泥，叫煤泥。

煤面与烧土一般按 1∶1 的比例搅和起来，再将它们围个圈，中间倒上水，用铁锹把四周拍一拍，为的是不让水流出来。然后把水和煤面、烧土充分和在一起，和成煤泥，最后再用模子脱出煤糕，晒干后码成一堵墙，烧炉子时用锤子打成小块，用来做饭取暖。

记得每年五一劳动节或国庆休息时，因这两个节日太原下雨少，家家都在打煤糕，煤糕脱在院里的空地上，让太阳把它晒干——院里几乎没有空地，走路都得很小心，生怕踩了为晒干的煤糕人家不高兴。

平车旧了，记忆远了……

说到这，烧土的作用大家就清楚了，它就是与煤面和成泥、打成煤糕烧炉子用的一种燃料，当然火劲比炭块差了很多。这种家用燃料从解放前一直到有蜂窝煤（一种带眼的蜂窝状的燃料）后，才彻底退出了历史舞台。现在，很多年轻人都不知道什么是烧土，不知道烧土是干嘛用的，更没有见过煤糕是啥样子的。

我所说的烧土可不是一般黄土，它的黏性很强，如果掰开土块中间有间断的白丝丝，这土的品质肯定是最好的。在当时有卖烧土这个职业，很多人靠卖烧土养家糊口。他们走街串巷，不停地吆喝“卖烧土，卖烧土”。家庭稍富裕点，或家里没有小伙后生的，大多数都是买烧土来和泥打煤糕。亲自去拉烧土的家庭也不在少数，谁家要是自己拉回一车烧土，招来的一定是邻居的羡慕。

记得我从七八岁上小学开始，每年都要和爸爸、大哥、二哥一起去东山拉烧土。我家基本上不买烧土，每年要用几平车烧土，都是我们父子兵用汗水拉回来的。所以，在我们大院里，老赵家是属于艰苦奋斗、自力更生的家庭。

太原是个盆地，东山黄土多，西山煤多，所以，不管是靠卖烧土生存的人，还是自己去拉烧土的，都得去东山。当时在大东关那边还有一个烧土场，大家都去那里拉，进去拉一辆平车还要交两毛五分钱，不交是不让进的。

记得每次我们去拉烧土，爸爸总会借两辆平车。

我和二哥小的时候，爸爸拉一辆，大哥拉一辆。后来二哥长大了，就是他哥俩每人拉一辆，我和爸爸跟在后面负责推。

拉烧土是件很辛苦、还冒险的事，每年都有为挖烧土被埋在土里丧生的人。一般是土层深的地方烧土质量好，人在下面挖，上面的土哗啦下来，就是现在说的塌方，就把人埋进去了，有时一死就是一两个，甚至是一家人。想想当时，因为穷，想省钱，把命丢了，不能不说是一种悲哀。有一次我们去拉烧土，听别人说，就在我们挖烧土的地方两米远处，前几天就有人被埋了进去，虽然我没有看到，但这一句话在我心灵深处留下了恐怖的阴影。

记得有一次，我们兄妹三人在爸爸的指挥下去拉烧土。我们从家到东山烧土场来回至少有二十多里的路程，去时是空车，我坐在车上，屁股下垫着用来围烧土的草垫子。大哥前面拉着车，我在后面坐着，一路上那个美呀，比现在坐奔驰和宝马都美。

到了烧土场，爸爸把草围子在平车上围成一个很大的椭圆形后，就拿着镐头在烧土山边刨边挖，我们兄妹三人也一锹一锹地往平车上装土。为了安全，爸爸没有往深刨，只是把土刨松了我们就铲。因为平车不算大，我们用了不到一个小时就装满了，而且用铁锹拍得实实的、光光的，总怕拉少了会吃亏。

烧土装满装多了，我们非常高兴，但是要出烧土场可没有那么容易。因为烧土场地势低，出口有个大上坡，而且很陡，我们四人只能拉上去一辆，再返回来拉另一辆。爸爸在前面躬着腰使劲儿拉，我们兄妹三人在平车两边和后边用力推，坡是上去了，可汗珠子掉地上了。当时谁也没有怨言，没有牢骚话，我们席地而坐，爸爸告诉我们，歇一下，喘口气还得下去拉另一辆呢。

出了烧土场，路面不平也就罢了，可没有多远又是一个大下坡。

其实上大坡危险性小，只是费劲而已。下大坡危险系数就很大，因为车重人轻，惯性作用很难掌握。

下坡时，爸爸把脚踮起来，两臂适度地压在平车的两根辕上，平车呈前高后低状态，使车底下那根长长的棒子与地面发生摩擦，起到刹车作用，平车就顺着坡缓缓滑下。

我一直很佩服爸爸。他本是一个机关干部，可干什么都很内行，就连拉平车的活儿都游刃有余，真不简单。

大哥、二哥当时长得并不是很高，不像爸爸那样自如，但是掌握了拉车的技巧，也能平安行驶。当然，我也一直没歇着。上坡时我在车后推，推了这辆车推那辆。下坡时我紧紧揪住车后的一根麻绳，尽量延缓平车的下滑速度。直到下了坡，走在平路上，我回首一望，才惊叹道，“我的妈呀，这坡咋这么大啊！”

从大东关出来，经建设北路、上马街、五一路、迎泽大街、青年路，我们总算平平安安、有惊无险地把烧土拉回来了。尽管一个个累得够呛，脸上汗水还在流淌，但我们心里早就乐开了花。邻居们这个问一句，那个说一声，更增添了我们用汗水换来的喜悦。更让我们高兴的是妈妈蒸的那一锅金黄的玉米面窝窝头，让我们感到饥饿难耐。

有人说，回忆是一种痛苦，是一种思念，可我总觉得回忆是一种享受，是一种幸福，更是一种花多少钱也买不来的阅历和历练。

摘槐花

20世纪60年代初国家遭遇自然灾害，那时每人的口粮只24斤，其中有1斤白面，山药蛋、红薯都算粮食。一个人3两油，家家户户吃不上肉，肚子里一点油水也没有。那时我只有八岁，每天都是饥饿难耐。春天到了，槐花开了，看到树上的槐花，闻到槐花的香味，口水都流出来了。

不知道是什么力量让我一个女孩子爬上了树，开始摘槐花。摘到槐花先自已吃起来，槐花既甜又美，现在想起来感觉真好。光我一人吃不行啊，爸爸、妈妈、哥哥、妹妹还饿着呢。我把能摘到的槐花全部摘完，够不着的就叫上二哥，拿上他做好的铁钩子去摘。

二哥很聪明。他拿了根树枝，把一根铁丝拴在树枝上，拿钳子把铁丝头弯了下来，就做成了漂亮的钩子。这钩子作用可大了，二哥拿上钩子钩到槐花再用劲一扭，小树枝和槐花就一起被钩了下来，我很快把白白的槐花一朵一朵摘了下来，装满一书包拿回家，倒在面盆里。

妈妈看见一盆白白的槐花，别提有多高兴了。妈妈开始给我们做饭了。

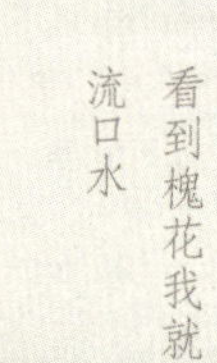

看到槐花我就流口水

先把槐花洗一下，拌上一点玉米面上下翻滚着搅拌，让每一朵槐花都沾上一点点玉米面。妈妈拌好了槐花，就放在蒸笼上蒸 10 分钟。等拨烂子蒸熟了，妈妈给我们兄妹每人盛上一碗，我们端上碗在院子里来回转悠，好让别人看到我们在吃“好”饭，也在显示自己家的阔气。槐花拨烂子这顿饭，可真是美啊！

现在想起槐花拨烂子，我还会流口水。

捋榆钱

“拨烂子”是啥？现在的年轻人，只有到农家乐饭店或特色饭店才能吃到。但是，现在的“拨烂子”大多数是用豆角、土豆，拌上白面做的，蒸熟后再倒上很多油，放上葱花（有的配些红辣椒）炒一下才吃。

我说的“拨烂子”可没有那么讲究，那么上档次。只是把榆钱钱或槐花，用玉米面拌上，蒸熟了，直接下肚。

那是20世纪60年代初，咱们国家遇到了三年自然灾害，我当时只有八九岁，常常听到邻居孩子饿得哭着问妈妈要吃的。很长一段时间，我一想起来就会有一股酸楚堵在喉咙。

记得当时在太原市青年路南端种着两排榆树，长得还很茂盛。每年春暖开花时，榆树枝上长出了鲜嫩的花，圆圆的，一串串的和铜钱一样，所以人们称之为“榆钱钱”。

“榆钱钱”又软又嫩，吃起来有点甜味，可以充饥。在60年困难时期人们都吃不饱肚子，前来捋“榆钱钱”的人还真不少。

其实，当时我也不知道这是什么树，什么是“榆钱钱”。后来一问，才知道“榆钱钱”能吃，于是也动了捋“榆钱钱”的心思。

那天中午我一吃完饭，也没有告诉妈妈去干啥，脖子上挂了一个妈妈用布做的小包包，一路小跑地来到榆树旁。我二话没说蹲下来，伸出手，去捋别人未捋干净的“榆钱钱”。当时我人瘦个低，捋起来很吃力。但是，一想起拿回家让全家人可以美美吃上一顿时，心也急了，手也快了。

捋“榆钱钱”毕竟不是一件光明正大的事，总怕有人过来骂我，或者逮我到派出所，所以捋一会儿就抬头四处张望一下，看看没有人注意到我，然后换一个地方再捋。这样的动作不知反复了多少次，在惊恐与渴望中总算捋了多半包，眼看上课的时间快到了，就恋恋不舍地结束了这“破坏”树木的行动。看到我捋回的榆钱钱，妈妈真是高兴坏了，见人就夸我懂事。

傍晚下学回家，妈妈把我捋的“榆钱钱”用玉米面拌上，蒸成了“拨烂子”，让我们兄妹们饱餐了一顿。

后来，我稍长大些，一想起捋“榆钱钱”，心里总是那么愧疚，那么过意不去，常常忏悔对不起那些榆树，对不起那些“榆钱钱”。可当时肚子饿得实在不得了，只好做出这件“对不起”树木的事情了。

我不记得是什么时候，青年路上的两排小榆树不见了，可捋“榆钱钱”的事情在我心里却永远忘不了。因此，在建设双合成工业园时，我决定要多种树，让绿色覆盖住双合成，让更多的树木生灵在双合成工业园有一个良好的生存环境，让它们愉快地为人类做贡献。

现在的年轻人没有挨饿的经历，也不懂得珍惜粮食。你到饭店去看看，半碗白米，整个馒头，还有上千元一桌的饭菜，说扔就扔了，真让人心疼，真是造孽啊！

1966年

1966年5月，“文化大革命”开始，太原市的治安一度非常混乱，打砸抢事件频频发生。那时，我正在太原十二中上初一，和全国所有的学校一样，也开始了停课闹革命。

十二中成立了红卫兵和红旗队两个革命群众组织，学生分成了两大派。造反派在不停地斗老师，都称他们是“臭老九”。两派学生还在抢公章，抢学校的权力，在校园进行打砸抢活动。我每天忐忑不安，慌慌张张，天天怕回家，因为看见墙上贴满了大字报。每天都有遣返回乡的大人和小孩，只见大包、小包堆在一起，哭声不断地传来。我真不知道中国到底发生了什么事情，好像天塌下来似的。我非常害怕，不知道灾难什么时候会降落在自己头上。

很快，爸爸被打成“反革命”，我家被划成了黑五类。在学校里，我少言寡语，不敢乱说乱动，更不敢参加学校的一切活动。学校要求我们每个学生都必须参加一个组织，无奈之下，我就参加了十二中的红旗队。

革命形势总是从这里听到的

东方红，太阳升，中国出了一个毛泽东

我们住的是四合院，每天都要轮流值夜班巡逻，就怕打砸抢的闯进院子里抢东西。值班的人只要看到风吹草动，就会吹哨子，敲簸箕。大家不分青红皂白，爬起来拿上铁锹、火柱等家伙，跑到院子里就准备和坏人进行搏斗，感觉比战争年代还紧张。

让我记忆最深刻的是 1967 年秋天的一个晚上。妈妈那时每天忙着给大哥做结婚的被褥，用了几天时间才给大哥做了两床新被子和新褥子。被褥做好了，就放在一张桌子上。那几天妈妈把白白的被里铺开，和二号大娘、邓培阿姨一起絮棉花。棉花要一点一点地铺平，再放上印有龙凤的红被面，一针一针地缝起来。那天晚上我们照常睡了，突然听到了哨子声，妈妈一翻身就起来，顾不得往院子里跑，抱起被子就往床板底下塞，边塞边叫我："晋啊，你愣着干什么，快把被子给我。打砸抢的来了。"妈妈不顾自己的安危，却要把大哥结婚的新被子塞到床底下，生怕坏人抢走。现在想起来，真是既可笑又可怜。

那时候的床是用两个长凳子铺上一张床板支起来的，床下面是空的。家里也没有什么东西可放在床底下。打砸抢的年代，妈妈却把它当成了藏被子的好地方了。

那时 14 岁的我和 8 岁的妹妹手忙脚乱地赶快把新被子递给妈妈，只见妈妈手脚麻利地把被子用包袱包好，快速地塞到床底下。藏好以后，妈妈爬起来，拿起个擀面杖就冲向院子里参加保卫家园的战斗。

这一瞬间的动作，至今还在我记忆中浮现。妈妈为了大哥结婚用的新被褥安然无恙，竟然什么也顾不上了，她把儿女的事情看得高于一切。两床新被褥都比她自己的命要紧，现在回想起来，真是让我太感动了。真是可怜天下父母心呀，这一名言深刻地显现了父母的大爱。

拣猪毛

拣猪毛，乍一听很多人不知道是说啥。

我这里讲的拣猪毛，不是在街上捡，而是在家里把白猪毛、黑猪毛、棕色猪毛分门别类地分开。

那还是我八九岁的时候，为了生活，妈妈参加了省商业厅牛站街道服务站的工作，如果非要说这是一个什么级别的服务站，硬挂靠一下也就是街道办的小集体企业。

当时街道服务站从太原肉联厂（屠宰企业）拉回各种颜色的猪毛，然后再分给服务站的人，拿回自己家拣好，过了秤再交给服务站。那时，家家户户都是全家齐上阵，由家里人帮着把各种颜色的猪毛拣出来，每家拣好的猪毛要按斤论价，这样多少能给家里添点收入。妈妈告诉过我，但我现在真不记得拣一斤是多少钱了，好像就几分钱。

一向思想积极、肯干的妈妈，当然不会错过这个机会，所以妈妈领回了一大筐子的猪毛。每天中午、下午放学后，我和妹妹抓紧写完作业，就和妈妈一起拣猪毛。

那时候，家家都很穷，家里的灯泡都是 10 瓦或 15 瓦的。要说平时这灯光还可以，可要拣猪毛，灯光就显得非常暗。好在我和妹妹还小，眼睛很好。我们每天拣猪毛要拣到深更半夜。

这个猪啊，真是浑身是宝，连细细的猪毛都有用。拣猪毛是一个既烦琐、又必须认真对待的事情。一堆猪毛，白的、黑的、棕色的，还有一股腥味，必须靠我们一根一根地拣出来，最后达到白猪毛里没有黑色、棕色的猪毛，黑猪毛里没有白色、棕色的猪毛，拣棕色猪毛同样如此。

常常是我和妈妈、妹妹挤在一张小桌子上，每人拿着一把小镊子，一边用左手扒拉猪毛，一边用右手的小镊子把杂色的猪毛夹起来，放在另外一堆。拣了几天后，我有了一个小小的经验，如果这一小堆白色猪毛多，我就专门拣黑色和棕色猪毛；如果黑色猪毛多，我就专门拣白色、棕色的。这近乎后来流传的“优选法”，效果真不错，猪毛拣得就快了。拣完一筐，妈妈再领一筐，妈妈在服务站的口碑也提高了，怪不得还把妈妈评上优抚模范上台领奖呢，夸奖妈妈的好话常常使妈妈笑容满面。

那时候，我真不知道这些猪毛干啥用，后来才知道是做鞋刷子用的。拣一斤才几分钱，但是，一个月我们拣猪毛也能挣几元钱，真的，我们已经很知足、很高兴了。

折书页

“折书页”不知道大家明白不明白是干什么，我想，没有在印刷厂工作过的人，恐怕真不知道是干啥。

折书页，也叫折页子，是书本从印刷车间转入装订车间的首道工序。一般折页子完成后就到装订工序了，然后再裹上书皮，经过裁刀师傅裁齐，一本书就可以打包出厂了。

服务站可真能干，又揽回活来了，妈妈她们从山西印刷厂拉回了很多书页，她每天除了给我们做饭，其余时间都在赶着折书页。

1966 年 5 月，我正在太原十二中上初中一年级，自从伟大领袖毛主席发表了“我的一张大字报”《炮打司令部》后，史无前例的“文化大革命”运动就开始了。当时社会上很乱，学校停课闹革命，工厂停工搞运动，从此十年就没有消停过。我们学校的学生老师们也在搞斗争，两派在抢公章，学生在打闹，瞬间很多老师被打成现行反革命、臭老九、牛鬼蛇神，被批斗戴高帽子游街，被欺辱得低头认罪。大字报满天下，顿时人妖难分，是非难辨。

学校不能上课，特别是我还有个特殊身份——黑五类。爸爸就是那个时候被打成反革命的，反革命的女儿当然不能乱说乱动，只能回家帮着妈妈折书页。

折书页是很有讲究的，也有标准，还有它的特点和技巧。比如：四开或对开的书页要折成十六开，这要折好几折，其要领在于将折回的书页的页码与下面书页的页码对齐，无论折多少，页码对页码是最重要的，否则再折得好也是废品。

折页子的工具是一块宽1寸、长1尺左右的竹板。竹板很薄，有时可以当做刀子割纸。折页子时一只手把页码对齐，另一只手用竹板从书页的中间用劲刮一下，书页霎时有了死角，就给下一折奠定了很好的基础。如此几折，就算折好了，放在一边，再重新折下一张。书页够一包时，整理得齐刷刷的，我和妈妈就一边往齐里垛，一边再往上摞，摞不好，书页就撒满一地。最后的捆包工作是最麻烦的，捆好了再送回印刷厂。那时，我和妈妈差不多一般高，一米五左右，捆书页对我来说就是最最困难的事情，往往捆好一摞，我们就累得满头大汗。

书页折完还得拉上平车送到山西印刷厂。这个厂就在省体育馆东面，离我们家牛站宿舍很近，但要经过一个大上坡，拉上如此沉重的平车到印刷厂就很累人。我在前面拉平车，二号大娘在后面推着，一刻也不能停地往上拉，真怕平车顺着大坡滑下去。

到了印刷厂，有专门的技术员来检查书页折得对不对、齐不齐，黑标必须要成为一条线，与现在检验标准一样严格。

检查验收完，我和二号大娘就又拉回一平车书页。俗话说，上坡容易下坡难。下大坡是一大考验。那时我还是个小孩儿，憋住气，使劲儿架着胳膊，平车的辕儿乎挨着地面往下拖着走。幸亏路不长，才安全地返回家中。后来，我们常常是往返好几趟去拉书页然后再折好。

还记得妈妈说：“晋啊，慢慢来，别急，坚持就能做好，你是最棒的！”妈妈那时就知道好孩子是表扬出来的。

1966 年的夏天，我基本上整日在折书页，最后熟练程度不亚于印刷厂的专业工人。说实在的，折书页比拣猪毛可文明卫生多了，但是折书页时间长了，不光是坐得难受，就连胳膊和手都吃不消，胳膊疼得抬不起来，手经常被纸划破。真没想到这纸真是硬，有时比刀子还快，所以折书页不只是体力活儿，还是技术活儿。

现在想起来，14 岁的我尽干了成年人的活儿，经历了很多现在年轻人想经历都经历不上的经历，也大大地丰富了我的人生阅历。可当时我根本不知道这些会为我以后的人生奠定坚实的基础，只知道多替妈妈干些活儿，多赚几毛钱，买铅笔、买文具的时候，向妈妈要钱也会方便些，这才是我真心话，也是大实话。

洗面袋

妈妈所在的这家街道服务站虽说小了点，但她们领导的能力却很大，就相当于我们现在的街道主任。这不，又从太原面粉二厂揽回了洗面袋的活儿。

本来这个活儿应该是妈妈和邻居二号大娘一起合伙干的，她们要从太原面粉二厂用平车把面袋子拉回来洗干净，再送回去。可是妈妈毕竟是五十多岁的人了，看到妈妈瘦小的身躯挑着那么重的担子，我真想为妈妈分担一点，我就自告奋勇，替妈妈拉面袋，让妈妈在家里休息一下。

这天，我和邻居二号大娘一起去拉面袋。我们拉着借来的平车，从现在的省体育馆附近出发，至少走了十多里路来到小东门的太原面粉二厂。

到了面粉二厂，我们找到管库的师傅。这里的师傅很客气，把我们领到库房，让我们装车。我和大娘就一摞一摞地从库房把面袋子装到平车上。我们搬一捆，库管师傅数一下。别看我当时年龄不大，个子不怎么高，可干起活来很麻利，一是我不怕吃苦，二是好动脑筋。那位师傅看见我忙里忙外，还夸奖说，这小姑娘真不简单，干活真有个样子。

就这样，我们装了满满一车，用绳子捆得紧紧的。装车很有讲究，前后装的要平衡。前面装的多，压得你抬不起车辕，后面重就把拉车的人抬起来了。我还要抬起车来先试试车前后的重量，才开始拉平车。那时面粉二厂管理得可严了，只有交了小票，平车才可以出大门。

我在前面拉，大娘在后面推。当时我还小，力气还不大，再加上刚装满了车，很累，所以走一走，歇一歇，也不知道走了多长时间，总算是把面袋拉回了家。我们往返走了二十多里的路，可把我累坏了，妈妈心疼地摸着我的头，看着我发红的手和肩膀上绳子勒出的痕迹，流下了眼泪。

第二天上午开始洗面袋了。

洗面袋可不是一件容易的事情。先是揪住面袋子，使劲往下抖，然后揪住面袋子口的一角，把袋子揪成 45 度，把抖下的面粉往一个角集中，再把这角上抖出的面粉抓到手中，从面口袋翻出来倒在一个盆里。那年代家家粮食不够吃，粮店的营业员早就把面袋里的面抖得没有了。但是，这是工序，有没有面粉必须这样抖，不然给洗带来的麻烦可就大了。

我和妈妈还得打扮一下，头上要用毛巾把头发包起来，那时一个多礼拜才洗一次头发，不像现在天天洗头。

把抖出的面粉倒在盆里后，几乎是没有面粉了，主接下来就是拿笤帚把面袋里上下扫个遍，再把整个袋子翻出来使劲抖，这样才能往盆里泡面袋。

抖面粉抖不出多少，可往盆里一放，来回揉几下，盆里的水就成了面汤了，这是洗第一遍，先把面糊泡下来；第二遍稍好点，当然水还是

每天都会洗几平车这样的面袋，关键是还会留点面……

很浑的。第三遍重点洗袋子的角和边，先打上肥皂不停地搓粘在面袋子上的面和黑印，因为边边角角是最脏的地方，有黑印子，我必须用两个小手使劲搓，仔细搓，直到洗干净为止。第四遍就是冲洗面袋了，洗到盆里的水清了才算洗干净。

洗干净的面袋晾在绳子上也有讲究。一开始先把洗干净的面袋抖展，面袋半干不干的时候把面口袋边的线头揪紧，再把面袋子放在桌子上用手来回抹展、抹平，再晾干，叠得平平展展，这才算洗完一个面袋。记得当时洗一个面袋只有几分钱，可是几分钱攒多了也是一笔不小的收入。

洗面袋又脏又烦琐，碰到夏天，还好过些，要是赶在寒冬，那真是受不了。因为洗面袋只能用凉水洗，不能用热水洗。如果用热水洗，就会把残留在面袋子上的面粉烫死，这样再洗也洗不干净，根本交代不了面粉二厂，重者要自己赔的。

整个洗面袋子过程，全是妈妈教给我的。妈妈的生活智慧可多了，到今天我都感谢妈妈教给了我无数生活中的小常识和做人的道理，我从中受益匪浅。

洗面袋还有一个鲜为人知的大便宜。那就是妈妈把每个袋子抖下的面粉积少成多，几百个袋子能抖出好几斤面粉，那可是白面啊！尽管面粉的颜色变了，有一股恶泼味，可是妈妈掺上些玉米面，给我们烙成面饼吃，那也是一件让我们兄妹非常高兴的事情。

我还记得妈妈在家里会把用过的面袋，洗干净拆开接上两块，缝在被子上当被头用，脏了以后光拆被头，洗干净后再缝上。

钢铁是锤炼成材的，我是磨炼成长的。我小时候就是这样不停地和爸爸妈妈一起干活，干活，干活！真要感谢爸爸妈妈，是他们让我懂得了人生的道理。

妹妹的诞生

1958年4月4号，农历二月十六，这一天，我差16天整整6岁了。51年过去了，这天的事我还不能忘怀。

当时，我们家在太原文庙巷19号住着半间西房，屋外有两个台阶。这天，我坐在台阶上放哨，爸爸告诉我看着门，不让外人进家。

这一天，蓝蓝的天空有几朵白云，春风微微地吹着大地，柳树摇晃着树梢。小屋里，只听见妈妈时不时地呻吟，爸爸急得满头大汗，在家里走来走去。有一个上了年纪的女人在忙碌着。听爸爸说妈妈要生孩子了，我看见爸爸端着脸盆，里面的水红红的，往茅房里倒，就这样往返了好几次。妈妈叫的声音更大了。

爸爸告我："晋啊，不要让人进来啊！"我这天非常听话，就坐在台阶上挡住门不让人进。只记得，有一个大男人从外面急匆匆地进了院子，大喊着找正房的王太太。我急了，把手放在嘴上告他不要讲话，告他我妈妈要生小孩了。这个男人很聪明地点点头笑了。不一会儿，有一

妹妹成为宠儿

妹妹长大了

群大哥哥放学了，他们吵闹着跑进院里，我马上就叫："不要吵，不要叫，我妈妈要生小孩了！"

到中午了，妈妈还在不停地叫着，爸爸给了我点吃的，我还是照旧，坐在屋外的台阶上，给爸爸妈妈放哨。我不知道过了多久，现在想起来应该是那天的下午，妈妈生下个小妹妹。我听见屋里有了小孩子的哭声。那个老妇女也就是接生婆大声说："生了，生了，生了个女孩。"爸爸告我："晋啊，你妈生了个小妹妹，你现在可以进家了。"

整整一天的时间，我终于可以回家了。看见妈妈脸白白的，睡在炕上，身边有个很小很小的小孩。我不知道妈妈为什么不到医院生，现在回想起来，那时肯定是家里没钱进医院啊！这得感谢接生婆，她真是立大功了，妈妈妹妹总算是太平无事地度过了一大难关。

春天来了，天暖和了，燕子从南方飞回来了，爸爸该给妹妹起名字了。按老家习俗，我们的名字排辈中间是个"光"，老大叫赵光中，老二叫赵光宇，我是老三叫赵光晋，爸爸可真有智慧啊，给妹妹起了个名字叫"光春"。我猜：一是因为在春天生的，二是春天里太阳把大地照亮了，把树照绿了，把花照开了，把冰照得融化了，把地里的种子照得发芽了，春暖花开了，万物复苏了。赵光春这个名字可真好！

妈妈太辛苦了，她那年整 44 岁。我听说岁数大了生孩子，大人孩子都很危险。真是老天保佑，妈妈平平安安地生了个闺女，也让我有个妹妹做伴儿。从那时起家里添了一个宠儿，占据了我的位置。

给二哥找工作

二哥高烧不退，妈妈急得团团转。

那时，家里没钱送他到医院，妈妈就用土办法，把姜汤水煮好了给二哥喝，然后用凉毛巾一直给哥哥擦拭身体，直到退烧。

那年二哥已经28岁，到了结婚成家的年龄，却连正式工作也没有。爸爸戴着“反革命”的帽子，正在接受劳动改造，连自己也顾不了，更顾不上二哥的工作了。

妈妈经常是以泪洗面。看到妈妈一天比一天瘦，现在想来可能只有六七十斤吧。看着妈妈的样子，我心痛极了，但无能为力啊！

有一天，妈妈终于忍不住对我说：“晋啊，你能不能找找人帮你二哥找个正式工作啊？”

我一向胆子比较大，不假思索地说：“妈，你放心，我去办！”

早晨，我五点半就到了副食品市场糕点加工厂，开始做配料前的各项杂务：领油、糖、面、鸡蛋，开始和面、擦酥、擦馅。我一个人就把该准备的工作全部做完了，把和面机器也洗干净了，等到老师傅们来了，他们就可以开始做花点心和晋八件了。

那天，我走到师傅史志德跟前，向他请了个假，说我想到市劳动局给我二哥找一下工作。师傅很同情我，就准假了。

我着急地骑上自行车，早上8点就到了市劳动局。因我不认识人，就像个无头苍蝇，挨个走进办公室问找工作的事。现在我已想不起来是找的哪个科室了。当我向负责人讲了给我二哥找工作的事后，他说："你等着吧，我们要开会。"

我站在走廊里等了整整一个上午。中午12点多了，领导的会也开完了，我说："叔叔，能不能帮帮我，给我二哥找个工作，只要是固定工就行，因为学徒工年龄已经太大了，钱也挣得少，什么单位都行，您帮帮忙好吗？"

只见他恶狠狠地给了我一句："不行，给你办不了。"便扬长而去。

我呆了，我傻了，我哭了。

眼泪止不住地流了下来。因为我想到了妈妈的期盼，爸爸的无奈，哥哥的等待。我哭着走出了劳动局，骑上自行车一路哭着，哭着，哭声越来越大。

路上的行人时不时地回头看看我，我也丝毫不管不顾，从新建路一直哭到省体育馆的家门口。我没有在乎别人的眼神，也没有在乎行人的看法，更没有停止心中的痛苦。

我只有一个想法，爸爸虽然被打成反革命，为什么我们做儿女的连找工作的权利都没有，连干活的权利都没有呢？天哪，谁来帮帮我呀？我们一直被社会冷落了这么多年，什么时候才能熬出头来呢？什么时候我们才能挺起胸来呢？

到了家门口，我下了车，擦干了眼泪，到水管上洗了一把脸，生怕妈妈看出来，才慢慢地推上自行车回到家里。

我不能实话实说，为了让妈妈高兴我大声说："妈，我回来了。上午去了劳动局，他们答应帮忙了。"

妈妈脸上露出了笑容，二哥高兴得坐了起来。看来，善意的谎言也是对的，但是，只有我一个人经历了这次痛苦，我的心在痛苦中挣扎着。

回忆是幸福的
也是痛苦的
但更多的是不安

不安

第六集

我们院

二号大娘

爸爸是山西省商业厅下属单位山西省供销社的老干部。

我们从小就住在牛站商业厅宿舍东一排一院四号。

这是一个四合院，大约住了十四五户人家。二号大娘家住二号，我家住四号，大家都称“二号大娘”、“四号大娘”。她们都是服务站的成员，是好姐妹。拣猪毛、洗面袋、折书页，她俩双双出入，形影不离。

二号大娘是山西洪洞人，比我妈妈高大，性格豪爽，整天乐呵呵的。我经常吃她们家不放碱蒸的馍，尤其是就上咸菜，凉馍一吃，爽口，顶饿。二号大娘身体真棒。她有两儿一女，我们都称她女儿锁锁大姐，她那两个儿子，总是不太听话。但在我的记忆里，二号大娘从来就没有发愁的事情。

记得妈妈没有钱买粮了，就会找二号大娘借两块钱，二号大娘总是很爽快地从兜里拿出一个手绢包，打开拿出钱来给妈妈用。二号大娘是一个热心肠的人，只要做她认为稀罕的吃食，总要吆喝我们过去品尝。

这不，二号大娘烙出玉米面饼后，就大声叫，“她四号大娘，你快过来吃饼啊！”妈妈就过去了，我也跟着过去凑着吃个饼子。

妈妈爱做菜团子。她把玉米面用开水烫了做皮，把菜剁碎了，放点盐、油，包起来蒸熟，就叫菜团子。做好菜团子，也会叫二号大娘过来吃，要不就送过去几个。二号、四号紧挨着，两家人和一家人一样。在日常生活中，两家人相互关心、相互关照、相互依靠。妈妈和二号大娘两姐妹的朝夕相处，让我想起来真为她们高兴。

我们的老祖宗留下一句名言是，远亲不如近邻。近邻不仅住得近，心贴得更近。回想起那时的妈妈，生活虽然很苦，日子也过得很紧巴，天天不停地干活，但妈妈的笑声却不断。这和二号大娘有关。

爸爸被打成了反革命，几乎很少有人和我们家打交道，只有二号大娘这位天不怕、地不怕的家庭妇女和我们相伴。她只是位邻居，就是这位善良的老人，用最朴素的良知竭尽全力地照顾着我们一家人。

记得二号大娘病了，听说是癌症，妈妈急得要去看她，我就骑上自行车带上妈妈到了山大二院病房里。锁锁大姐告诉我们，已经扩散得不能手术了，大夫又原封不动地缝好了。但就凭着她坚强的个性，二号大娘又神奇地多活了好几年。妈妈又和老姐妹二号大娘开心相伴了好几年。

几年后，二号大娘走了，但她助人为乐的精神和乐观开朗的样子却留在我的心中，使我永远不会忘记。

赵家的恩人

我要跪拜一位德高望重的老人——柳荫庭，他不仅是爸爸的恩人，也是我们全家的恩人，难怪爸爸每到中秋节就要给柳老寄月饼。有一年，快到中秋节了，爸爸又和我提起：“晋啊，你给上我两盒好月饼，爸爸给临汾的一位老领导寄过去，他可对我们家有恩啊！”

爸爸这样的事太多了，我真没有在意。突然想到临汾有个经销商，我请他们送去两盒月饼，不就省得爸爸麻烦了？爸爸知道后很高兴，我按照爸爸的意思让经销商杨志远前往柳老家去送月饼，这本是很小的一件事，不必挂齿。可当我看完爸爸的书后才恍然大悟，柳老对我们家有多么大的恩情啊，不是送月饼跪拜就能报此大恩的。

爸爸在书中记载：1951 年全家由京迁来太原，4 月货栈领导得知我家在北京的困境后，主动提出，同意家属迁来太原居住，以解决两地生活困难。家属到后暂住一间客房内，在新到任的老红军郭志璋（任书记兼经理）的大力帮助下，搬到广场西北纯阳宫 8 号院内南房的半间房内，

柳荫庭一家人

1953年因新建五一百货大楼拆迁用地，又搬到文庙巷19号院内的半间房里。在文庙巷时，王金兰（我的妈妈）因流产大出血，昏倒在厕所内不省人事，幸好农资公司秘书柳荫庭同志闻讯后，及时帮助并用担架抬往杏花岭医院急诊室抢救，才脱险回家。依依往事，记忆犹新，对“柳老”恩情是永远难忘的。

写到这里，柳荫庭柳老让我肃然起敬，难怪他一直在领导岗位上为百姓造福。他当过平陆、永济、翼城、临汾县委书记，临汾地委秘书长。他坚持正义，在爸爸的记载里，他公正、公平、讲公道话，使爸爸转危为安。他不但关心职工的疾苦，还关照职工家属，他救了爸爸、救了妈妈，救了我们全家人。柳老的品德不但是我们学习的榜样，也是我们这一代子孙效仿的榜样。

2011年我和《山西晚报》摄影部主任王兵一起到汶川茂县给灾区孩子们送月饼，路经临汾市，王兵和他的朋友一起请我们吃饭，一位陌生的中年男人过来第一句话就说，“我认识你，应该叫你大姐。”我莫名其妙，交谈中才知道他就是柳荫庭的儿子柳红兵，是临汾市委接待处处长，难怪他知道我的情况。

最后我用柳老常说的一句诗结束这篇短文：流水断桥芳草路，淡云微雨养花天。

邓培阿姨

邓培阿姨身高一米六，身体永远挺得笔直，大大的眼睛，面庞上常常挂着微笑，给人如沐春风的感觉。她是我从小就非常敬佩的人，是一名老党员。她的男人是一个伤残军人，育有三个孩子，分别取名建军、建华、建英。她们家是革命家庭，在那个“文化大革命”的年代里，着实让我这个“黑五类”家庭的孩子羡慕不已。

邓培阿姨性格豪爽，说话嗓门不低，整天都是笑呵呵的。她在我们院住在98号，在四合院里我们两家是斜对门，往来极其方便，我们常常去她家串门。王叔叔是个大高个儿，大概是抗美援朝时受的伤，因此常年拄着个拐棍，但能和我们嬉笑打闹，常让人忘记他身有残疾。邓阿姨家里有点好吃的，总是拿给我和妹妹吃，所以，在我心目中邓阿姨家就是我们小孩子解馋的地方。

邓培阿姨为人热情大方，也是我们家的大贵人。我经常见妈妈没钱了就向邓培阿姨借钱。在那个年代，家家钱都不多，谁有富余的钱借给别人？可是，邓培阿姨却很爽快，妈妈一张口，就看到她从口袋里掏出两元钱借给妈妈。

邓培阿姨在牛站宿舍的四合院住的时间不是很长，后来就搬走了，搬到了现在的坝陵桥。我真是不记得是什么宿舍，好像是五交化公司的楼。邓培阿姨走后，妈妈很难受，能看得出她很痛苦，因为邓培阿姨也是妈妈可以倾诉心里不痛快的人。那时，妈妈是爸爸回家以后的出气筒，爸爸回来只要不高兴，就会把气全部撒在妈妈身上。不是说菜咸了，就是说饭硬了，动不动就摔筷子摔碗的，嘴里还骂着，“你这个饭桶，什么都不会做！”

爸爸说完站起来就走了，妈妈总是不敢哭出来，两眼默默地含着泪。然后，妈妈就到邓培阿姨那里，一把鼻涕一把泪地放声哭出来，述说着自己心里的委屈。邓培阿姨有文化，能很快地劝解妈妈：“他大爷就是那样的人，脾气不好，心直口快，就不要计较他了。”这样的事情不是天天发生，但也是经常发生的。

邓培阿姨搬走后，妈妈整天没着没落的，好像丢了魂似的。那时我还小，妈妈还带着我和妹妹去过邓培阿姨家一次，她家里很大，有卫生间，有自来水管，真好，我们真羡慕啊！

一晃多少年过去了，我再也没有见过邓培阿姨。前两年我突然接到建军的电话，说他在重机学院（太原科技大学前身）办公室工作，他和妹妹们都过得很好。虽然他爸爸已经不在了，但他妈妈身体还很好。后来我的手机丢了，也再没有他的电话了。我正在省人民医院住院，出院后一定去看看邓培阿姨，也了却我多年的心愿。

锁锁大姐

锁锁大姐是我们院二号大娘的女儿。她比我大十多岁，但我们全院的人都叫她锁锁大姐，特别是我爸爸一开口称呼她大姐。

大家一定很奇怪，为什么我爸爸年龄比她大那么多，还要叫她锁锁大姐？那是因为河北人有这个习惯，只要你在你们家排行老大，他们都会称呼大姐、大哥的。

如果你再听听他们的对话，那可有意思呢。

爸爸："大姐，您今天上夜班啊？"

大姐："大爷，是的，我今天上夜班。"

爸爸："您吃饭了吗？大姐？"

大姐："我吃饭了，大爷。"

爸爸："大姐，您吃的什么饭啊？"

大姐："大爷，我吃的馍，你吃了没有？"

爸爸："大姐，我就吃呀，我吃汤面窝头。"

大姐：“大爷，快吃饭早点睡吧。”

两人的对话，老的叫小的大姐，小的叫老的大爷，一个河北人习惯称呼您，一个山西人习惯叫你，两人一对一答很有趣。

锁锁大姐是山西化学纤维厂的纺织工，专门做尼龙线的。她对我的帮助可大了。“文化大革命”停课闹革命，学校也不开课，让我们自己找地方到工厂参加劳动。那时，我只有 15 岁，就到锁锁大姐所在的纤维厂去干活，厂里有很多机器，都在生产尼龙线。

我们经常给他们搬缠尼龙绳的锭子，就像是个跑堂的，哪里需要我们干点重活，我们就到哪里干活。不过，最让我受益的是工厂的叔叔阿姨经常给我上课：

“光晋，你们还小，要好好学习，不要像我们没有什么文化，什么也干不了，只能当工人。”

“光晋，你们现在还不懂，要好好听大人的话，‘文化大革命’虽然不让上学了，但你们自己也得学啊，没有文化长大了以后就会后悔的。”

“光晋，不要和那些坏人在一起，打砸抢去捣乱，以后慢慢地会好起来的，在厂里锻炼锻炼，就回学校上学去吧，长大以后可有你干的事呢。”

“光晋，你小的时候要好好学习点本领，不要荒废了青春啊！”

那些叔叔阿姨总是不放弃每一个机会唠叨我，无论走到哪个工段，都有类似这样的话语对我讲。

今天，我的岁数比当年纤维厂那些叔叔阿姨的岁数都大了，我也比他们唠叨得厉害。看到年轻人，我就会不停地说话：你们这些年轻人要好好学习啊，要有本领，长大以后才会有出息，不好好学习，将来就没有前途，只能当工人。见到赵阳光等汶川大地震后从重灾区茂县来我这里工作的孩子们，我也要教育他们几句，“你们可是不能去网吧，网吧毁了多少孩子啊。你们都还小，不学习长大就会后悔的，就会没出息的。”

渐渐地我发现，只要你经历了，长大了，都会对孩子们去说教，一辈传一辈地唠叨个不停。

还记得一个挺有意思的事儿。在当时哪里有钱去买尼龙袜子，但在化纤厂有的是废料，我们就偷偷地拿回来尼龙线，然后我妈缠成了尼龙线蛋蛋，给我们织成尼龙袜子。穿上妈妈织的尼龙袜子，我真高兴。妈妈还教我织尼龙袜子呢，但尼龙线都是我偷偷拿出来的，现在回想起来都很可笑。

锁锁大姐后来找了个长得很帅的小伙叫张祥，他什么都会，还会给锁锁大姐剪头呢！他们真是郎才女貌。我在厂里看见锁锁大姐为人很好，像二号大娘一样豪爽、正派，敢为大家说话，后来她当上了化纤厂的工会主席。现在她很幸福，有儿有女有孙子。虽然不常见，但知道她的情况，祝锁锁大姐好上加好！

樱桃阿姨

樱桃好吃树难栽

不下功夫花不开

幸福不会从天降

社会主义等不来

这是影片《我们村里的年轻人》女主人公最喜欢唱的歌，我也特别喜欢唱这首歌。但是，在这里我更喜欢的是娘家楼下的邻居樱桃阿姨。她个头高高的，皮肤白白的，一双炯炯有神的大眼睛，热情豪爽的性格会让任何人都喜欢。她是省生产资料公司老干科的副科长，对老干部像对待自己的亲人一样。

我在娘家待的时间并不是很长，但是总会看到樱桃阿姨到我家。

“老赵，给你的信，我给你带回来了。”

爸爸也总是笑着说：“樱桃，谢谢你，又让你受累了。”

爸爸总是像对孩子一样叫她，根本没把樱桃当成一个领导来对待。

有时我看到樱桃阿姨拿着公司分的一些东西，比如，鸡蛋啦、水果啦，气喘吁吁地搬到家里，放在地上。

“赵大爷，单位分的东西给您捎回来了。”爸爸妈妈就赶快跑出来，妈妈拉着樱桃阿姨的手说：“快，坐下歇歇吧，又麻烦你了。老让你费心受累。”爸爸接着拿上毛巾说：“樱桃，擦擦手，你说一声，叫光宇去拿就行了。这么高的楼，太累了。”

樱桃阿姨说：“光宇不是出差了吗？我能行。您老别上心，您是离休老干部，照顾您老是应该的。”

省农资公司的领导也真会用人，让樱桃阿姨当老干部科的科长，真心服务老干部，老干部还能不满足吗？

我每次回家总要买一些爸爸妈妈喜欢吃的好东西，爸爸总是拿一些东西给樱桃阿姨送去，嘴里还嘟嘟囔囔地说：“你樱桃阿姨家有小外孙，给他们去吃。”然后爸爸就下楼了。到过年，爸爸总要给樱桃阿姨送台历和对联。

有时我回家在楼梯上碰到樱桃阿姨，她总是笑嘻嘻地问我：“光晋，你忙了吧？又回来看你爸爸妈妈了。你那么孝顺，给你爸爸妈妈也争气了。”我总是客气地回答：“阿姨，刚下班呀，谢谢你照顾我爸爸。”樱桃阿姨就会说：“这是我应该做的呀，我是老干部科的人，服务好老干部是我的工作。”

爸爸能高寿和有好邻居、好同事有很大的关系。

老姐妹俩

妈妈还有个好邻居、好朋友、好姐妹，她是东一排三院长风他妈。

我们家住一院，她家住三院。长风妈妈几乎和我妈妈一般高，只是稍比我妈妈胖一点。她俩走到一起还真像是姐妹俩。

长风爸爸妈妈是天津人，我爸爸妈妈是河北人，离天津很近；长风的爸爸脾气很坏，我爸爸的脾气更坏；长风妈妈是个性格内向的人，我妈妈也是个性格内向的人；长风妈妈经常受他爸爸的气，我妈妈也经常会受爸爸的气。

两个妈妈，都肯吃苦，肯受累，能受气，不惹人，能包容，很勤劳，能节俭，生活在同一个年代，都是小脚女人。她们有共同的语言，能相互倾诉，也有哭，也有打闹。

我回家看爸爸妈妈，听说长风妈妈病了，妈妈硬让我带她去长风家去看看他妈，还要拿上水果、点心。到了长风家，只见两个老人坐在炕上，手拉着手。

“她大娘，你最近好吗？”

“我很好。”

“你身体有病，好些了吗？”

“我已经好了。长风他们都很孝顺，我心情也好。老姐姐，你好吗？”

“我也好。四个孩子都孝顺，现在不缺吃不缺穿，过得可好了。”

“我们保重好自己的身体，活个大岁数，孩子们高兴。”

“我们得为孩子们着想啊！”

妈妈一边说一边拍着长风妈妈的腿。长风妈也拍着妈妈的手，两个老太太边说边笑，边拍打，真是有趣极了。长风他爸爸的脾气也比以前好多了。

“老赵大哥怎么样了？”

“唉，岁数大了，凑合着活吧。他比原来是好多了，这兄弟俩是一个样啊”。我们要走了，长风妈妈拍着我妈妈的手，一直送出家门口，送到楼梯上，还念叨着：“光宇他妈，你可要保重啊，改天我去看你去。现在一个人也去不了，还得长风、长生陪着我去呢！”

“你不用来，我哪天再过来看你。这不，光晋刚回来，我就让她陪着我过来看你，哪天我让光宇陪我看你，光宇他有时间。老姐姐你可要保重啊！”

“知道了，老妹，你也保重。”我们下楼了，还听见长风妈的声音在耳边回响：“光晋，扶好你妈，别摔着啊！”

我忙着答应：“大娘，知道了，您放心吧，快回去吧！”

我和妈妈走在回家的路上，老姐妹俩的聊天、神态、哭声还时时留在我的记忆中。

黄叔叔

爸爸家的对门——黄叔叔、黄婶两位老人，一直是我非常敬佩的人，也是我们赵家的贵人。

爸爸所在的公司在菜园街盖了几栋楼，他很想在那里住，因为楼的前面没有遮挡，阳光充足。刚分完房子的时候，本来给他分的是二楼的两套房子，爸爸一套，我二哥一套。结果到了晚上，被别人抢占了七八套房，偏偏有我们家的。领导无奈，让爸爸和二哥住在最高层六楼合住一套，这样就和黄叔叔成了对门，最后成了好邻居。

黄叔叔比爸爸小很多，这样黄叔叔、黄婶婶自然就成了爸爸的助手，爸爸买上东西时，只要对门看见，总要帮爸爸拎上去并放在家里。替门房送报纸也是黄叔叔、黄婶婶经常到我们家做客的理由，我们家的钥匙也是黄叔叔黄婶婶家的“常客”，爸爸在他们家了一把，以方便我们回家开门。

有一天，我带着很多东西回家，气喘吁吁地上楼，把东西放在家门口，可是怎么也敲不开门。爸爸、妈妈的耳朵太聋了，敲门声他们根本听不到。还好把黄婶给敲醒了，黄婶出来说："呀，光晋回来了，进不了门了吧，你爸妈的耳朵太背了，你也不叫我，我来给你开。"他们就是这样服务着我的父母和我们。

更有趣的是，有一次到了下午五点多，我在太原市人大参加常委会后，回去看爸爸，这次更是敲不开门，无论怎么敲怎么喊，屋里就是鸦雀无声。黄婶那天正好没有我家的钥匙，这我就急了。

爸爸会不会出事了？一个可怕的念头涌到我的脑袋里，这可怎么办啊？黄婶也急得团团转："今天老赵是怎么回事啊，是不是在里屋睡着了！"我说："不可能吧，都快天黑了，我爸爸怎么可能还在睡觉呢？"我的心跳得很快。黄婶说："光晋，看看我家阳台上能不能进去？"我想，这是个好办法就三步并作两步，到黄婶家也不换鞋，直奔阳台。

啊，好可怕呀，两家阳台距离有一米多远，我怎么敢过去呢？况且我还有恐高症，太危险了。我真是急疯了，这可怎么办？

这时，黄婶又跑过去敲门了。门开了。爸爸站在家门口还揉眼呢。

"她黄婶你敲门了？几点了？"

"光晋，快，你爸爸开门了。"黄婶喊我。

我跑过来看着爸爸，真是又可气又可笑："我可爱的爸爸，你以后一定要把钥匙放在黄婶家一把，你可真要把我吓死了。爸爸，你以后记着啊，你都九十多岁了，晚上要早点睡觉，别晚上不睡，早晨不起啊！"

爸爸笑着说："晋啊，你回来看爸爸了，以后少买点吃的。爸爸也吃不了，给你黄婶拿点吃。"

黄叔叔是省生产资料公司的技术处处长，黄婶早已退休在家，老两口热情好客，就喜欢帮助人。性格上黄婶外向好说好道，黄叔是内向的人，

黄叔叔（左）

朴实沉稳，他们俩也是妈妈的开心果，特别是黄婶，妈妈心里有事情总是要和黄婶念叨，真是远亲不如近邻啊。

妈妈在家是个受气筒。爸爸脾气暴躁经常发火，而且是个不说理的人，他只管自己出气，根本不管妈的感受。不过在那个年代，家家的妇女都是这样忍受着丈夫的不公正待遇。爸爸生一次气，妈妈一礼拜也缓不过来。

黄婶家就是妈妈减压的地方。妈妈有时在黄婶家一坐一下午，不停地叨叨，有时把她在赵家受的气，如婆婆的虐待和姑嫂的辱骂都要一一讲出来。妈妈把陈芝麻烂谷子的事全部倒给黄婶，黄婶也不厌其烦地和妈妈说一说，笑一笑，真是我们家的恩人。你还别说，我还真应该好好采访下黄婶，她可比我们知道妈妈的事多。

黄叔黄婶家很幸福，三个儿子都在经商，而且很成功，孙子也大了，真是四世同堂，美满幸福。

梁叔叔

梁叔叔叫什么名字我根本不知道，我只知道他儿子叫梁彰，小名叫利子，比我大一岁。那时他在外面自己住，经常不回家，平时家里只有梁叔和梁阿姨。我小时候觉得他们家是最有钱的，夏天的时候他们家里经常吃西瓜，把我们馋得直流口水，我还偷吃过他们家里的西瓜皮。

梁阿姨家很干净，碰巧我们在门口遇上了，梁阿姨把我们叫进去，给点好吃的。她家里永远是整整齐齐干净利落，我和妹妹站她在家门口，不敢进屋。

他们家里还有一个大的收音机，经常放一些好听的歌曲，我经常在外面的小厨房墙根坐着听那好听的歌。有《大海航行靠舵手》，有毛主席语录歌，还有《人说山西好风光》。

梁阿姨家住的是南房，有时候我和院里的小孩坐在房子外墙的小路上，在南房北墙根上贴着墙，竖起耳朵听歌。我特别喜欢听《听妈妈讲那过去的事情》《唱支山歌给党听》，我会的很多老歌就是在那墙听着、听着会唱的。

现在回想起来，还觉得很幸福，那时我多么喜欢他们那台收音机啊，它能给我歌声，给我快乐，给我美好的记忆。

梁叔叔还经常和我说笑：“光晋，进来听歌吧。”我说不用了，在外面听得见。梁阿姨更是可亲可爱，她常骑着一辆女式车上班回家，一看见我和妹妹，就给我们好东西吃。但我们都不敢拿，因为爸爸规矩多，不让随便拿别人家的东西。

第七集

我·晋啊

夏令营

今晚，我突然想起上小学二年级的事情。

那时，我在山西省商业厅洪峰小学读书，这是省商业厅职工子弟学校。暑假的时候，班里选出参加夏令营的同学，很荣幸就有我，当时我是班里的中队长。

我清楚地记得，下学回到家里，妈妈在炕边和面，我站在妈妈身边，哭着央求妈妈给我钱，同意我去参加学校的夏令营。现在我已经忘了是多少钱了，好像是1元多。我一直在妈妈身边磨来磨去，妈妈就是不答应。

妈妈无奈地哄着我："晋啊，等妈妈有了钱带你去玩，好孩子听话啊！"

我不听妈妈的话，哭着闹着非要去参加夏令营。现在想起妈妈为难的样子，心里真的很痛、很痛。妈妈不给钱，我就放声哭，越哭声音越大，越哭越伤心。妈妈是个心地善良的人，但也是个主意很坚定的人，不管我怎么闹怎么哭，就是不行。

和孩子们在一起 于洪峰小学 63.1.15

第二天，我很无奈地告诉了老师。过了几天，很多同学都参加夏令营去了，可我苦苦地待在家里写作业，眼里常常挂着泪水，不和妈妈说一句话。机会从此再也没有光顾我，我一生没有参加过学校的夏令营。现在，每当我看到孩子们夏令营活动的时候，还不由得想起小时候的这件事，那时的我还特别地恨妈妈。

春去秋来，光阴似箭。我已经步入老年行列了，想起小时候不高兴的事情，想起亲爱的妈妈对我的疼爱，我又哭了。

赵光腚

上小学的时候，同学给我起外号叫“赵光腚”。上了中学，同学也悄悄地叫我“赵光腚”。到了铁路建设兵团，战友们也叫我“赵光腚”。直到现在还有人叫我“赵光腚”。

其实，这也不怨大家，那时有一部叫《暴风骤雨》的电影，电影中有一个叫“赵光腚”的人。电影中的主人公叫赵光林，因为家里很穷，全家只有一条裤子，所以，村里人就都叫他“赵光腚”。他参加了农会，带领大家一起和地主斗争，后来光荣地牺牲了。我叫赵光晋，自然就让大家想起了电影中的“赵光腚”，也就成了大家说话的笑料。

可是，小时候我真的很生气，很气愤，很恼火。光腚就是光屁股嘛，光屁股有多丢人啊！特别是到了铁路建设兵团，我长大了，就给爸爸写信，求爸爸考虑给我改个名字。

别的女孩子的名字都是“花”呀、“草”呀的，但我的名字不但是男孩子的名字，还让别人给我起了个外号取笑我，叫我“光腚”，真是难听死了。我求爸爸同意，把我的名字改成“赵红”。

爸爸不但没有骂我，还给我回信了，“晋啊，你在铁建要好好干活，别多想其他了。我和你妈商量好了，你想改名字就听你的，等你从铁建回来后再改名字。你妈说了，干活不要和别人计较。吃亏是福，吃苦是甜。要干就干在别人前头，吃在别人后面，和大家搞好团结，好好听连长、指导员的话啊，好好听毛主席的话，学好为《人民服务》《愚公移山》《纪念白求恩》这‘老三篇’。你要听爸爸的劝啊，不利于团结的话不要讲啊，干活时要注意身体。”还有很多劝我向上、向善的话。真是太可惜了，那些信全都让爸爸给卖了，今天如果信还在，真可以教育我的子孙后代，可以派上以德育子的用场。

京原铁路的任务圆满完成了，我们都回到了太原。连里大部分战友都给分配了工作，唯有我因为找不上工作犯愁，原因是“文化大革命”还没有结束，每个单位招工都小心谨慎，没有人敢要反革命的女儿，改名字的事反而不重要了，慢慢地就淡忘了。从此，我再也没有和爸爸提起改名字的事，于是，“赵光晋”这个名字和我的外号也就随着我的喜怒哀乐伴我一生。

学缝纫机

不知道什么原因，小时候的事情就像树根一样在心底扎得很牢，现在的事情反而记不住了，看来真是岁数大了。

还记得妈妈做衣服是个高手，妈妈蹬缝纫机更是个高手。妈妈常教育我："晋啊，你要好好学学做饭、做衣服什么的，要学点本事，将来长大了，到了婆婆家，你就不受罪，好让婆家人能看得上你。"妈妈还常常唠叨："技高不压人呀。吃不穷，穿不穷，算计不到就受穷。你个女孩子家，可不能像男孩一样光玩啊。"从小到大，妈妈的唠叨在我的耳朵里都快磨出老茧。

言归正传，妈妈在山西省商业厅牛站宿舍的服务站里干活。有一天，她拿回两大包鞋垫儿，让我学着在缝纫机上蹬鞋垫，并说这些鞋垫是送给解放军叔叔用的。

那年，我只有 12 岁，就开始做轧鞋垫的活儿。那时我家的缝纫机比较大，因为我个小，在凳子上得垫上个厚厚的垫子坐在上面，但又够不

我十二岁学做衣服

着踩缝纫机，几乎是半坐半站着去踩缝纫机的。

我的两只小手推着鞋垫不停地转。妈妈要求轧鞋垫的针线要均匀，间距大小都要一样，鞋垫“头”和“跟”在转弯的地方要轧成圆形。总之，要求很多，标准很高。我坐在那里，开始轧鞋垫，由于踩缝纫机不知道深浅，而且踩得很快，鞋垫就不听使唤，跑得飞快，我的小手就跟不上趟了。突然我左手食指的指尖滑到缝纫机针的下面，针扎在指甲上缝纫机不动了，血流了出来。

我坐着大哭大叫起来：“妈，快点来，妈，快点啊！”

妈妈正在厨房里做饭，只见她一边用围裙擦手，一边匆匆忙忙地跑了过来，嘴里还嘟囔着，“别害怕，别害怕。”她很麻利地把缝纫机的手扳轮往后转了一下，针顺着起来了，我的左手食指也出来了。妈妈抓着我的手放在嘴里吸了起来。不多会儿，血不流了。

这一扎手事件虽然是个小小的事故，却在我心灵上留下了深深的烙印，特别是妈妈用嘴给我吸手的动作，牢牢地扎根在我的心中，使我永远不能忘怀。

祈祷

妈妈是个家庭妇女，她虽然没有上过学，却是个很有文化的女人。她是个知书达理的智慧人，懂得怎样和人相处及说话艺术，妈妈从不会骂人，更不会动手打人。

妈妈从来没有骂过我们一次，更没有打过我们一下。妈妈最多是不高兴了，不理我们。记得我在省体育馆打乒乓球时间长了，没有写作业，回到家里妈妈不理我，我就下意识开始干活，然后写作业，不多会儿妈妈就会笑了。

俗话说得好，“人在家中坐，祸从天上来。”自 1993 年之后，我一连走了好些年的“背运”。我是个不爱和人拉拉扯扯、不喜欢吃喝玩乐的人。我上班就是两点一线，从家到双合成，心里只有工作和家庭，是一个没有心计利用别人做自己事情的人。

有一天，双合成下水道不通，污水翻上来了，我和陈瑞旺及市政公司的维修师傅一起在抢修，把过道的地面全部挖起来，找堵塞的管道。

第二天还得赶着做点心呢，整整一夜我们都没有合眼。因此，我没有赶上参加糖业烟酒公司召开的党政工团领导大会，但我委派财务科长郭美文代替我去了。

几个月过去了，有一天我突然听美文告我，那天公司开会时，公司经理拍着桌子大声嚷嚷："赵光晋越来越不像话了！"

我一听这话头就蒙了，真不知道发生了什么事。双合成有特殊事必须连夜解决，不能耽误白天的工作和人来人往的出入通道，双合成的出入通道只有1.5米宽，所以我才没有参加会议。公司经理为什么这样待我！尽管我不会拍马屁，但我很敬重上级领导，尤其尊敬我的直接领导。

也就是从那时起，我迎来了被人诬告、诽谤的厄运。那段时间，日子真是过得很煎熬。告我的告状信，像雪花一样在省城飞扬，市里的四大班子领导，相关局委、机关等都能收到。特别是市委，有一天居然收到七封告我的信，这是一位市委副秘书长事后告诉我的。

那段时间我的心情真的很不好。回到妈妈家，脸上不由得流露出烦闷的情绪。真是相由心生，妈妈看得很清楚。她知道有不好的事在我身上发生，但是她并没有问我。

恰逢妹妹光春随妹夫靖宇到日本去进修，临行前把她婆婆给的金银首饰全部放在我家里保管。我很担心纪检委的人来家清查，把妹妹的财产当成是我的东西。那时，我们家还很穷。为了避免造成不必要的麻烦，我就把妹妹的一包东西拿到娘家，让妈妈代为保管。我说："妈，这是光春的首饰，放在你这里比较保险，我家里经常没人，别让小偷给偷走。"

当时，妈妈一句话也没有问我，只是默默地把这包东西接过去，放在箱子里收好了。

现在回想起来，才发觉妈妈的心胸真是那么的博大，那么的宽广，真正做到了“宰相肚里能撑船”。事实上，我知道妈妈因为爸爸已经担惊受怕了一辈子，这次又遇到我的事情，尽管没有挑明，但凭妈妈的智慧，她已经有了答案，她怎么会不害怕呢？她怎么会不担心呢？但是为了不给女儿增加压力，她却默默地承受着一切痛苦。

时间一天一天地过去了，妈妈竟然每天在阳台上，恭恭敬敬地对着太阳磕三个头，祈求老天保佑我不出任何事，祈求我能平平安安地渡过这一难关。

我真不知道妈妈为我磕过多少头。直到市纪检委派干部彻底查清了告状信的事情，洗去我背负的罪名，并在双合成四楼会议室给予我平反后，我才告诉妈妈真相。妈妈轻松了，长长地出了一口气。

妈妈说：“晋啊，我每天对着太阳磕三个头，保佑你平安无事。”

假如

2014年是爸爸妈妈诞辰一百周年，我不知道用什么方式来纪念他们二老，想出一本书供大家分享，但愿对大家能有帮助，也表达我多年来对爸爸妈妈的怀念之情，感恩之心，感慨之意。

上海的今天晴空万里，北京的暴雨让人恐惧，肆虐的台风悄然离去，伦敦的奥运牵动着世人的心，浩瀚的宇宙无时无刻不在发生着动荡的事情，我的心却平静如水。随着时光的流逝，我进入了老年人行列，尽管自己的心还很年轻，但是年龄不能倒流，岁月不能返还，生命不能重来，人生没有假如。

假如爸爸妈妈还在世的话，我会陪在他们身边，给他们端茶倒水，洗衣做饭；假如爸爸妈妈还在世的话，我会常回家看看，给他们捶捶背，洗洗脚；假如爸爸妈妈还在世的话，我会在他们身边和他们聊聊天，说说话，撒撒娇；假如爸爸妈妈还在世的话，我会给他们放声高唱《智慧之光》，“鸟在飞翔，花在绽放，树在生长，海在荡漾……”；假如爸爸妈妈还在世的话，我会给他们十万元，让他们把人民币看个够……但人生哪有假如，生命哪有假如，生活哪有假如！

亲爱的朋友们：人生就是一场梦，醒了才明白。人生就是一出戏，演了才轻松。人生就是电视的现场直播，没有重来。人生就是高速铁路，跑得飞快。有一个词叫“觉悟”，觉了就“误”了，还有个词叫“觉醒”，觉了就马上醒来。珍惜现在所拥有的一切吧！

珍惜自己的爸爸妈妈，为他们做些小事吧；孝顺自己的爸爸妈妈吧，为他们洗衣做饭吧。我深深地知道，小孝是陪伴，我今天已经没有机会陪伴爸爸妈妈了；中孝是传承，我要把爸爸妈妈善良又大爱、勤劳又慈祥、朴实又诚信、实干又智慧、真实又真诚的精神接过来传下去，让它生生不息；大孝是超越，我还要用有限的生命，有限的时间，无限的努力，去让爸爸妈妈再看到双合成的跨越转型，看到红辫子玫瑰园的鲜花绽放，看到双合成的兴旺发达。

晋啊

“晋啊！”这是爸爸妈妈对我的爱称。

记得一次在颁奖台上，山西省委副书记梁国英给我颁发奖章和荣誉证书时，问了我一句：“你哪个单位的？你叫什么？”

“双合成，赵光晋。”我回答着。

梁书记顺口说：“赵光晋这个名字好啊，光照三晋。你爸爸真有才，让你照亮山西呢！”至此，我才明白了爸爸给我起名的含义。

20 世纪 4 0 年代末，爸爸在北京华北人民革命大学毕业后，自己申请到艰苦的地方去，这样被分配到太原。妈妈自然带着两个哥哥从北京来到太原，具体时间我不清楚。

1952 年我出生在山西太原。以前，我只知道，我两个哥哥的名字中间都有一个“光”字，爸爸自然顺着“光”字起名字了。我是在山西出生的，山西的简称是“晋”，自然就取名叫“赵光晋”。这应该是顺理成章的事。

我猜想爸爸妈妈望女成凤的心情一定是有的，而且很强烈。但爸爸想让我“光照三晋”的想法却不一定会有。

在那个困难的年代，家里都吃不饱、穿不暖，国家在困难时期实行的是供给制，爸爸的确没有梁书记的水平高，把一个普普通通的名字都提升到一定高度上来解释。如果爸爸真有那样的想法，那我的爸爸就太有智慧了。

不过爸爸给我起这个“赵光晋”的名字，已能证明他的文化水平挺高的，因为一般女孩的名字不是花就是草的，而我却得到一个比男孩的名字还要响亮的名字。但从我记事起，爸爸妈妈就一直叫我“晋啊”，一直到现在，已经有 50 多年了，这个爱称一直回荡在我的耳边。现在，我仿佛还常常能听到爸爸妈妈叫我“晋啊”的声音，每当此时，我浑身就有股暖暖的热流在涌动。我觉得自己好幸福啊，真的还想再回到爸爸妈妈的怀抱里，听爸爸妈妈真的叫我一声“晋啊”！

3月27日

今天是2013年3月27日，一个很平常的日子，一个普通得不能再普通的日子，但对我来说，却是极其不平常、不普通的一天。

早晨，我和往日一样，坐在刘斌开的车上去太原办事，在路上接到了祝福我生日快乐的信息，我才知道今天是3月27日。1952年3月27日是我的出生日，1997年3月27日是妈妈的祭日，我最希望的是永远忘记这既高兴又痛苦的今天，我最不想知道的也是这一天，3月27日。

我一向都不知道每天是几月几号，星期几，只知道天亮了，该起床上班了，天黑了，该回家吃饭睡觉了。日复一日，年复一年，生活得倒也很充实，很忙碌。

但是，3月27日是我终生抹不掉的，因为我的身份证上清晰地记载着这个3月27日，这让我很无奈地接受一些朋友们的祝福。今天又是3月27日，兴业银行、海航金鹏俱乐部、平安人寿都给我送来生日祝福，许璇还特意送了我个漂亮的包，我的弟媳梁杰也追着要给我送礼物。徒弟温婷和董昱各作诗一首发给了我。

师情高凌凝福云
父德绵长结喜枝
生辰之时摘硕果
日光普照贤德人
快意收得众佳徒
乐观双合万年青

赵者德高智慧深
光含翡翠福气增
晋氏府邸蕴龙脉
恩广百祥馨香生
师德雨露泽天下
生生不息造福人
日映仙云添朝露
快行遍览万家灯
乐福同享伴良辰

北京五行书法大师王炳尧也从台湾送来祝福：

我在台湾，祝你生日快乐！

他们真是有情有义，但他们的祝福使我知道今天是3月27日，尽管如此我还得深深地给他们鞠躬。

我不想知道这一天的原因有三：第一是我不想过生日了，不想像小时候盼过生日吃好的，现在是过一次生日就老一岁，真怕过生日啊。第二是我过生日就会想起妈妈爸爸培养我的艰辛。第三是 3 月 27 日是妈妈的祭日，是我撕心裂肺、痛不欲生、生死离别的日子。

我给父母过过生日，给儿女过过生日，给孙女、外孙过过生日，也给自己、给朋友、给领导、给员工过过生日。但世界上有多少人在自己过生日的时候，能够想到爸爸妈妈一路付出的艰辛，能在这一天给爸爸妈妈跪拜敬谢，能为他们端茶倒水洗衣做饭，能买礼物送给爸爸妈妈，能回馈爸爸妈妈的养育之恩呢?

今天又是一个3月27日，我生命中的3月27日。太阳照旧温暖着人间，生活中却世事无常。生命有限，死亡面前人人平等：妈妈已经离开我们整整十六年了，十六年的日日夜夜，我无时不想念她老人家。

1997 年 3 月 27 日（阴历二月十九）这一天还是观音菩萨的生日，也就是这一天，天空在哭泣，雨点不停地敲打着大地。那一天，妈妈离开了我们，我想再听妈妈呼唤一声“晋啊”，但这是不可能的，因为妈妈已经两天不能讲话了。

但我还是清楚地听到了妈妈最后呼叫我的名字。那个时刻，我真是无法用语言来描述心中的痛苦，真是叫天天不灵，叫地地不应。

我生命中的 3 月 27 日，妈妈走了，妈妈抛下我们撒手走了。妈妈结束了她的人生旅途，走向天堂，走向她要去的地方。这一天我怎能忘记，这一天我从不愿想起。

现在已经是 3 月 27 日夜间 23 点半了，再过半小时，就要到 28 号了，但我的思念不会随着时间的流逝而减少。

纠结的中秋

又是一个团圆夜，又是一个中秋节。

2000年的中秋节晚上，我忙完一年一度的月饼销售大战后，乘着太原飞往深圳的飞机参加“汇才”班的学习。晚上10点多到达深圳宝安机场，我才发现因忙于中秋月饼销售居然没有办理入关通行证。到了深圳海关，我给接机的司机小孙200元，让他帮我办理入关通行证。想来真不好意思，给小孙添麻烦了。

小孙走了。我席地坐在一个非常大的花池边，俗话说，“正月十五雪打灯，八月十五云遮月”，可是，这一年八月十五的月亮又亮又圆，把大地照得好像白天一样。

看着月亮当空，我想起了妈妈。我真想唱，“天上的月亮像妈妈，把我的心儿给照亮。”

我想妈妈了，我哭了。看着月亮我哭了，哭得很伤心，眼泪止不住地流着，流着。妈妈走了快三年了，她的音容笑貌常常浮现在我的眼前。

年年岁岁月相似，岁岁年年人不同

我想起了小时候的中秋节，虽然时过境迁，但是那时过中秋节的情景还是记忆犹新。

我小时候很长一段时期，中秋节买月饼是凭购物券来购买，一张购物券可以买半斤，也就是两个。家家如此，拥有特权者很少。每到中秋节，爸爸总是拿着购物券到老字号双合成买月饼。当时的郭杜林月饼也就六毛四分钱一斤，提江月饼七毛六分钱一斤。妈妈把爸爸买回的月饼每个切成四块，我们兄妹四人每人两块，就是半个月饼，大小相同，不偏不倚，再给每个人分一点葡萄、小果子之类的水果，就算过中秋节了。

小时候我不能吃太油的食品，这两块小月饼就一直舍不得吃，放在桌子上很长时间就是看一看，闻一闻。实在想吃了就吃一小口，等过上好长一段时间再吃第二口。我二哥的那份早早就吃完了，我吃时他就站在旁边推我，让给他吃点。我说："你没给我，我为啥要给你吃？"我不给他，他就吓唬我，说不带我出去玩。不玩就不玩，反正我不给你。嘻嘻，想起来觉得太有意思了，要是现在，哪里会发生这样的事情。

时隔50年了，时代进步了，国家富强了，人民富裕了。40年前我走进了做月饼的行业，这真是天意，大概上天知道我喜欢吃甜食吧，就安排我成了山西的"月饼王"。

我是山西郭杜林晋式月饼的第四代传人，人称"月饼王"，每年销售上千万吨月饼，心情很复杂。每年中秋节前，我都是盼月饼、爱月饼、怕月饼、恨月饼。盼月饼，是因为中秋节是一年销售的旺季，可以赚钱。爱月饼，是因为中秋节是中华民族的传统节日，是阖家团圆、幸福美满的时刻，我们可以为老百姓送上香甜可口的团圆月饼。怕月饼，是因为我们这个行业卖月饼最关键的是"收口"，只要不剩月饼，就是打了一场大胜仗。最怕的是月饼万一销售不完怎么办，员工分月饼是有限的，如果剩下月饼，公司损失就大了，这个中秋节大家就算白忙活了。

喜悦与恐惧的心情错综复杂地伴随着我度过繁忙、劳累的中秋销售大战。

今年的中秋节，我也无法同爸爸、爱人、孩子们一起团圆，只能在遥远的深圳独自一人。不过有月亮的陪伴，有妈妈的思念，有眼泪的相拥，我就能度过这难忘的中秋之夜。

我非常怀念小时候与爸爸妈妈、哥哥妹妹一起过中秋节的情景，我是多么想念小时候那一块切成小三角而且舍不得吃的月饼，我是多么想念小时候和爸爸、妈妈一起住过的那间小屋里欢笑的声音。

中秋之夜，还是那轮明月，还是那块月饼，可我的心却残缺不圆。

我当上党代表

1970年5月，我18岁。

那一年，我和二哥因爸爸是“反革命”都找不下工作，只好参加山西铁路建设兵团去京原线修铁路，当了铁建战士。我被分配到三团八连当了一名统计员，二哥被分配到三团二连当了筑路战士。

八连连部除连长、指导员外只有三个工作人员，一个秘书，一个通讯员，一个统计员。

那时，大嫂李玉珍在河西区法院工作，她和我们连长张玉豪是同事，也许是这个原因，我在连里当上了统计员。

张玉豪连长高高的个头，白白的皮肤，大大的眼睛，壮壮的身体，性格和人品就像他的名字一样玉洁高尚，豪爽大气，真的是人如其名啊，他的确像个带兵的。指导员姚子亮，个头比连长还高，就是尖嘴猴腮，太瘦了。但是，他说话慢声慢语，有条不紊，是个很懂政治，有思想的人。

直到后来我才知道，连长是带兵打仗的，必须具备敢冲、敢拼、敢干的品质。而指导员是做人的思想政治工作的，很沉稳，很细致。难怪他俩性格不同，职位不同，职责不同，是各具特色的两个人，他俩合作得很默契，很愉快。

连部统计员的主要工作是测量地形的高低，确定哪儿该填土方，哪儿是该挖土方，还要计算出土方量是多少。那时，我有两个帮手，一个是郑兰芬，一个是康玉平，她们都是我最好的朋友。休息的时候，我们三个人就一起拿着圆皮尺去测量地形，做标记。有的地方要挖几米深，有的地方要填十几米高，这些都必须标注得清清楚楚。当时，最高的一处要填到13米高。这些工作我们必须做得仔仔细细，没有任何的差错才行。

测量工作做完，我就和大家一起抬大筐，搬石头，举大夯。

打夯时，我们大声唱着打夯调子。

领头的呐喊："同志们呀，举起夯呀！"

大家就喊："举起夯呀！"

领头的又喊："兄弟们呀，拼命干呀！"

大家再喊："拼命干呀！"

领头的再喊："举起夯来压得实呀，我们那个干劲大呀！"

大家就跟着喊："干劲大呀！"

热情的调子一浪高过一浪，大家汗流浃背，衣服从里到外湿透了。

我是统计员，不在班组里固定干活，相对比较自由。我是看见谁累了就帮谁抬筐。打夯的一般都是男孩，我也挤进去和大家一起打夯。

我本职工作做得好，加上肯帮人、肯吃苦、肯使劲儿，经常受到连队的表扬。连长、指导员都提出，让我写入党申请书。我那时真不知道反革命子女是不可以入党的，还真的交了份入党申请书。总觉得，只要好好干，听党的话，就可以成为一名共产党员。

因为表现出色，指导员姚子亮就亲自到我爸爸单位——山西省农业生产资料公司去做入党调查。姚指导员走进人事科，刚说明来意，爸爸单位人事科的科长就劈头给了一顿，嚷嚷道：“她爸爸是反革命，她还能入党？快走吧！”

爸爸是反革命这件事，我还真没好意思给连长和指导员讲过。指导员回到连里给连长讲时，我在连部外面正好听到，痛苦极了，眼泪不停地往下流，一个人跑到工地没人的地方痛哭了一场。

这件事深深地刺伤了我。从此以后，我管埋头苦干。再也没有动过想入党的心思。后来，我被分配到太原市副食品大楼百货组，部长欣赏我的吃苦精神，劝我写份入党申请书，我只苦笑一下，没有回应她。

1972 年 7 月 1 日，我调到太原副食品市场加工厂做点心，厂长王汝富等领导也劝我赶紧写入党申请书，我也只能笑笑而已。入党的事情已成为我的奢望，成为泡影。

我还清楚地记得，我给爸爸写过一封长信，埋怨的话写了一大箩筐。我问爸爸：“你为什么是反革命？你为什么不听党的话？你为什么害得我不能入党？你为什么让我抬不起头来？我恨你，爸爸！”

现在想起来我真是个不懂事的孩子，但在那个年代就是这样。

爸爸不但没有责怪我，没有骂我，还在回信里这样安慰我：“晋啊，都是爸爸的错。你要听党的话啊，没有共产党就没有我们家的今天。你要懂得跟党走，报党恩，听党话，听张连长的话，好好干啊！”

爸爸语重心长的话打动了我的心。从那时起，我就下定决心，一定要给爸爸、妈妈争气。从此，我不管干什么事都是拼命干。“少说话，多干活”，也成了我的座右铭。我成了一个拼命三郎：拼命干，拼命学，拼命钻。

神圣的一刻

1985年，我被太原市商业局谢煊麟局长推荐，糖业烟酒公司马秉乾经理任命，到双合成当了经理，爸爸妈妈那高兴劲就别提了。1986年7月我入了党，还当选为太原市和山西省的党代表，爸爸妈妈更高兴了。1997年我作为太原市的一名党代表，光荣地出席了中国共产党第十五次全国代表大会，为总书记江泽民投下了神圣的一票。爸爸得知后成了喇叭筒，见人就夸，见人就告，高兴得合不拢嘴。

80多岁的爸爸走到哪儿都要告别人，他大女儿当上十五大党代表了，爸爸的那个精神头可大了。难怪爸爸经常对我说，“晋啊，你吃饭了吗？你的腰没疼啊？你要好好保重身体啊！你可是爸爸的精神支柱啊！”爸爸高兴得和小孩子一样。

爸爸从来没有抱怨过“文化大革命”时期国家对他的不公待遇和无情迫害，他发自内心地对党忠诚，对党热爱，对工作认真，对别人热情。这就是我的爸爸，他虽然不是共产党员，但他教育出一个优秀的共产党员，培养出一个中国共产党的十五大全国党代表。

飞向蓝天

中国文字很有内涵，充满很深的哲理和易懂的道理。

“觉悟”，我理解为“觉了”就“误”了。

“觉知”，我觉得“觉了”就是知道了，明白了。

“觉醒”，我认为“觉了”就醒了。

我这个人经常是“醒得早，起得晚”，等有了感觉，有了知觉就误了。常常达到后悔莫及的程度，常常悔之已晚，悔恨终生。

我现在正在广州白云机场头等舱贵宾室里，等待12点海航飞往太原的飞机。这次来广州是参加卓爱公司老总许建云的儿子的结婚大典，我以证婚人的身份上台讲了很多祝福的贺词。令我感动的是作为双合成顾问，许建云在儿子结婚的前一天，还在给百余名企业家讲《操盘手的智慧》。晚上，我的同学万智驱车将我送到三水温泉度假村与正能量见面。我们聊到半夜1点钟，谈正能量在企业的作用和能量的发挥，分享了正能量的博大精深，感觉真好。

SKY

我轻松地坐在机场的贵宾室里，不由得又想起了爸爸、妈妈，他们的音容笑貌又神奇地浮现我眼前，他们一生没能坐过飞机让我感到自责、遗憾、后悔。小时候，我总认为飞机是给高级领导干部制造的，我们这些平民百姓根本不可能坐上飞机。

过去，我从来没有想过出差会坐飞机的头等舱，坐火车去睡软卧。以前出差坐火车只能坐硬座，后来条件好了，我开始享受硬卧，双合成效益更好了，我的规格也高了，开始坐软卧了。自从我把朋友王建中拉到双合成当总经理，他告诉办公室主任温婷，以后赵总出差必须坐飞机的头等舱，因为赵总岁数大了，我们要好好保护她的身体，这也是双合成的品牌形象，从此我也成了高级干部，出差开始坐头等舱了，真是潇洒了许多。

爸爸妈妈在世时，我曾经有过带爸爸妈妈坐飞机到外地好好转转的念头，可每天忙于双合成的工作，一直没有带爸爸、妈妈坐过飞机，更没有带老人出门转转。

爸爸妈妈走了，我后悔莫及，没有让他们坐过飞机，没有实现自己的想法。这都是我的不孝，我有想法，有念头，但就是没行动，这让我深深地明白：知道是没有力量的，相信并做到才有力量。这也就是我要讲的“醒得早，起得晚”，我总是借口工作忙，没有时间陪他们，就自然没有机会让爸爸妈妈坐飞机享受一下，他们更不知道飞机在云层中穿梭的感觉。每当我乘坐飞机，我的心就痛，就像有一把刀子在我心上扎个不停，好像总有一种声音在责骂：赵光晋你是一个不孝之子，自己的承诺不兑现，你还是双合成的老板，居然没有让老人家坐过飞机，没有陪同父母到外地旅游旅游。别说到外地，妈妈连五台山也没有去过，你说我像人吗？

在孝敬爸爸妈妈上，我觉悟了，可是“觉了”也就“误了”，他们再不会给我这个机会让我尽孝了，自己种的苦果，还得自己咽下去，这后悔药哪里有卖的？这个“误”真是种下了一辈子的悔恨啊！

唯一可以怀念的是，每当我坐飞机时，总是带着这种信念、意念、思念和悔恨，带着爸爸妈妈的灵魂，和我一起在天空飞翔。飞机就要起飞了，爸爸妈妈可以和我一起飞向蓝天了，在高高的白云中好好地欣赏大自然的美妙，忘记烦恼，忘记疲劳，好好地欣赏美景如画的祖国大好河山。飞机，飞吧，飞的高高的高高的，飞机，飞吧，带着爸爸妈妈飞向辽阔的蓝天，飞机，飞吧，让爸爸妈妈看看天空的美景，看看宇宙的奇观吧……

娘家

纪念爸爸妈妈诞辰一百周年，我最想做的一件事情就是出版一本缅怀爸爸妈妈的书。我不想再错过这一次机会了。可是我的文笔不好，写作很差，用文字写不出我内心的那份感受，表达不出爸爸妈妈对儿女无私的大爱，对别人无私的奉献和对工作无限的勤奋。我突然感觉到，我无法用笔来抒发自己真实的感受，无法描述爸爸妈妈在生活中的艰辛，红尘中的智慧，这才是我心灵中最痛苦的事情。

在爸爸妈妈身边时，每逢端午节，妈妈就会给我们包粽子。妈妈先把黄米泡上好几天。包粽子的时候，先洗粽叶，再煮粽叶，然后再把泡了几天的黄米冲洗好几遍，最后坐在小板凳上开始包粽子。妈妈先把粽叶卷成空心斗形状，然后放进去黄米，每个粽子里放上两三个枣，她包的粽子是有棱有角的，很漂亮。她小心翼翼地把包好的粽子摆放在家里最大的铁锅内，然后开始煮粽子，要煮整整一个晚上。妈妈一晚上都不能睡觉，一会儿起来看看火，添上块煤糕，一会儿起来看看锅里煮粽子的水还有没有，就这样忙碌上一整夜。第二天早上，热腾腾、香喷喷的粽子就煮好了，我们有早餐吃了。

1978 年我出嫁了，再回家的时候就是回娘家。

妈妈一年最少有四次给我送礼物。

我过生日，妈妈会用白面做成枣馍，让妹妹给我送过来生日礼物。那时还没有现在的“生日蛋糕”。

过端午节，妈妈亲手包上红枣黄米粽，让妹妹用网兜拎上一大兜（那时没有塑料袋），让我们全家老小享用。

中秋节快到了，妈妈又亲自打月饼。月饼里面包着花生、芝麻、玫瑰、青红丝等等。妈妈为了月饼好吃，还要到小卖铺买上几毛钱的点心面面放在馅里。大家都知道我是做月饼的，人称“月饼王”，应该说是不缺月饼的。但妈妈不会管这些，她还是外甥子打灯笼——照旧（舅）。月饼用模子刻好，放在烙饼的鏊子上翻烤，然后再放在火炉边上烤一会儿，黄黄的月饼就打好了，再派妹妹骑上自行车给我送到家里。

过年了，妈妈就蒸枣山。大大的枣山，直径有一尺。妈妈说枣山象征着来年有靠山，早早发财，红红火火，步步高升，枣山如大山！怪不得我一年比一年好，职位一年比一年高，原来都是妈妈的祝福在起作用。当然，妈妈还是叫妹妹给我送来。

中国五千年传统真是博大精深啊，每一个节日、每一个节令的食品都有很深的寓意，有故事，有说法。

妈妈走了，爸爸不会包粽子、打月饼、蒸枣山，再也没有人给我送粽子、送月饼、送枣山了，我再也吃不上妈妈做的美味食品了。每当想到这些，就会想到娘家的亲情，妈妈的爱心。

我无时无刻不在想妈妈。我想，双合成要能成为百姓的娘家，特别是失去妈妈的人的娘家,那有多好啊,于是"娘家"这个名字就这样问世了。双合成要当好大家的娘家，要把妈妈做的美味食品都担当起来。让你的妈妈歇歇吧，她们真的很累，她们受的苦太多了。娘家粽、娘家馍、娘家饺、娘家包……双合成的"娘家"品牌就这样一步一步地走进千家万户。如果让每一个人永远都能吃到妈妈做的美食，永远都有妈妈的亲情陪伴，那是多么幸福的事情啊!

从此，"娘家"品牌在山西是越打越响。

双合成是顾客的娘家。顾客需要什么，双合成都会像妈妈一样精心制作，把妈妈那份大爱倾注在每一个产品上，把妈妈的那份亲情送到每一个人的心田里。

娘家的品牌打响了，使我和妹妹失去妈妈后失落、痛苦的心情得到一种安慰，同时也是我们对妈妈的一种思念，对妈妈的感恩和祈福。亲爱的妈妈，您歇歇吧，您太累了，这就是我们做儿女的发自内心的孝心。

河北羊角脆

去北京开会刘斌开着福特房车，我和马淑荣带着2008年汶川地震时来太原复读的四个茂县孩子一同前往。前些日子，这四个孩子都想来双合成上班，我就满口答应了。于是，他们真就坐着火车不远千里来到了太原双合成。到今天为止，他们已经来了十多天了。这次，我到北京参展正好带他们来首都玩玩，看看天安门，见见世面。

一路驱车，刘斌很辛苦，大家却东倒西歪地睡觉。

中午快12点了，我们来到河北顺平县服务区准备吃饭，看到这里的饭菜还是比较可口干净，大家很开心地在这里用餐。吃完饭准备上车时，哈哈，一个水果摊在我眼前一亮。

长长的瓜果展现在我的面前，顿时让我想起小时候妈妈从河北老家回来时，总要带很多这样长长的瓜给我们吃。我从不知道这是什么瓜，只知道瓜很脆也很香。

有一种瓜叫脆瓜，每到这个季节总会在地摊上出现，汽车上看见到处都摆放有脆瓜、香瓜，我心里就不由得想起妈妈给我们带回来的长瓜，那个好吃啊！

几十年过去了，我再也没有看到和吃到过这种瓜了。我问卖瓜的大嫂，这叫什么瓜，她说：这是我们河北的羊角脆，很香很脆，带几个尝尝呗。

我告马淑蓉，看见它我就想起我妈那时从老家带回来的长瓜，那个好吃啊。也是因为当时是经济困难时期，物质短缺，常常吃不饱那个瓜更是特别的好吃。我们买了几个让大家尝尝。

河北的羊角脆形状和黄瓜近似，但是有黄瓜的3倍粗，我掰了一小块就吃起来，真香真脆啊，还是和妈妈带回来的一样好吃。我还有个毛病，特别爱吃瓜里面的瓤瓤，并且连籽一起吃下肚，哈哈，太好吃了！

记得瘦小的妈妈从老家回来，大包、小包一大堆，有背的，有拎的，有抱的，还有大包套小包里的东西，尽管都不怎么值钱，可都是我们平时吃不上的东西。特别是这长长的瓜，在我幼小的心灵里留下了深刻的印象，因为在山西太原我从来没有见过这种瓜。我吃着瓜，瞬间又想到几十年前，妈妈给我羊角瓜时的情景。我的眼睛模糊了，湿润了，想起依偎在妈妈怀里吃瓜的样子，真是美啊！

这个长长的瓜叫羊角脆，这是我今天才知道的。以前虽然我经常念叨这事，但从没有想过写这篇文章，今天我终于看到羊角脆了，也吃到这神奇的瓜了，这让我想起小时候吃瓜的美味，于是我上车拿起笔来，写下常让我回忆的这段故事。

汽车在高速公路上飞驰，我的睡意来了。我也要停笔了，做一个吃羊角脆的梦吧，好让妈妈再回到身边。

磕头

敬天法祖是中华民族最重的礼节，是我国的传统美德，我们的祖先敬天、敬地、敬山、敬川、敬皇帝、敬父母，都要行大礼跪拜磕头。

今天是癸巳年（2013）农历二月初二，是我的生日。一大早，我还在卧室磨磨蹭蹭，翘妹进来说了声：“妈妈，生日快乐，顾总、马总他们一大帮人都在外面呢。”

“他们这么早来干什么呢？”我出去一看，20多个徒弟在客厅等候，我愣了。只见他们带来一大捧鲜花，一篮写有“福如东海，寿比南山”的双合成寿桃，一对鎏金双龙戏珠的平安瓶。

大弟子顾红文、三弟子马淑荣（二弟子程玉兰没来，因她女儿亲亲刚生了一个千金）及崔改莲、李保卫、杨俊萍……齐刷刷也站满一屋子。

更让我没想到的是，杜淑君还处于病重康复期，她也在场。他们让我坐在客厅沙发的正中间，众弟子跪着磕了三个头。

一祝师父生日快乐

我在收徒

二祝师父身体健康

三祝师父全家幸福

他们都是双合成最优秀员工的代表，在不同的岗位上都能独当一面，他们是双合成事业的传承者、传播者、传道者，他们的行动让我感动万分。还有很多的双合成宝贝，不断地给我发信息，祝贺我生日快乐。其实，应该说感谢的是我，感谢他们无私奉献，全力付出，辛勤工作，任劳任怨，他们才应该受我一拜。

家里孩子们更是积极张罗，给我庆祝生日。我高兴的是孩子们都很听话，都很本分。儿子孙翘、女儿翘妹带领他们两家共8个人给我磕头了。

哈哈哈……

有儿媳佳佳、孙女煜馨、孙子煜东，女儿翘妹、女婿刘慧君、外孙刘宇航、外孙女刘欣彦，翘说：

我们一起祝福妈妈

祝妈妈生日快乐，一拜

祝妈妈身体健康万事如意，二拜

祝双合成生生不息兴旺发达，三拜

特别是久久、Daphe两个孩子不停地磕头。久久、Daphe给我戴上了他们爸爸妈妈送我的礼物：寓意年年有余的“金鱼”。久久、Daphe还各自给我送了他们自己画得画，非常漂亮，非常可爱。

儿媳妇张琳佳，出生在“上有天堂，下有苏杭”的杭州市，从小没有磕头的习惯，但她还是和儿子一样，抱着5个月的吉祥跪下来给我磕头、敬拜。女婿抱着10个月的如意，一样给我磕头行礼。

爱人孙寅生晚上要出差参加全国中秋月饼大会，也特意给我发来信息：“老婆生日好！老婆生日乐！老婆生日美！”我非常感谢，也很知足，我有一个儿孙满堂的幸福家庭，有一个体贴入微的爱人。

但是，最让我感谢的还是爸爸妈妈。我最想给他们二老磕头。61 年前的今天，我出世了，可是因时辰没到，我出不来，就不停地踢打着妈妈。妈妈疼痛难忍，爸爸心急火燎，接生婆忙来忙去。我这个未出生的“孙悟空”，赤手空拳地打着妈妈。想想，两天的时间，连续不断地欺负着这位可敬的母亲，她却毫无怨言，吃不下饭，喝不进水，强忍着疼痛。

妈妈不知道，将要出生的是个敢打、敢冲、敢拼搏的铁姑娘，怪不得在妈妈肚子里十个月，我从来就没有消停过，不是翻跟头，就是打拳、踢腿。不管是寒冬腊月，还是酷暑烈日，我都很温暖，很舒适，很安全，安静地汲取着又瘦又小的妈妈身上那点儿仅有的营养。

我一出生就很瘦弱，只有4斤2两。那年头，哪里有牛奶喝，有奶片吃？只能用妈妈稀少的奶水和面糊充饥。可怜的妈妈自己都吃不饱肚子，怎么能有奶水喂我呢？是妈妈精心的呵护，我才能健康地成长。

我长大了。尽管两个哥哥一直让着我，可我还是骨瘦如柴，一直有哮喘病，根本不能上体育课。至今想起妈妈那无奈的样子，我仍难过不已。

还记得家里有一点点好吃的，妈妈就悄悄地塞到我的手里，或是装进我的书包里，生怕让二哥看见也要吃。二哥才比我大四岁。

妈妈养着几只母鸡，因为听别人说，开水冲生鸡蛋喝了有营养，鸡下了蛋，妈妈就偷偷地用开水把鸡蛋冲开，急催着我快点喝了，生怕二哥、妹妹看见。

妈妈就是这样细心、精心、耐心地把我抚养大。而在我的记忆里，爸爸骂我打我，应该是兄妹四人里最少的。

今天是我的生日，我先把他们的照片摆在桌子中间，看着爸爸妈妈的笑容，恭恭敬敬地给二老行了三跪九拜的大礼。

跪天跪地跪父母

感谢父母养育呵护

感谢父母教导指路

感谢父母无私付出

感谢父母阳光雨露

感谢父母厚德载物

感谢父母祈祷祝福

天大地大不如父母的恩情大，河深海深不如父母的恩情深。我懂得了：孝敬父母不能等，父母的恩情不能忘。在自己的生日最应该给父母磕头，因为他们给了我们生命。

孙女三岁

今天是2013年3月20日（农历二月初九），是我孙女孙煜馨三周岁的生日。时间真快啊，转眼间儿子孙翘的孩子也大了，这让我想起爸爸、妈妈和翘小时候的事情。

孙翘小时候长得很帅，很可爱，白白的皮肤，大大的眼睛，黑黑的眼珠，人见人爱。他是爸爸妈妈的第一个外孙，他们自然更是百倍地喜欢，真是含在嘴里怕化了，捧在手里怕掉了，不知道如何对待才好。家里有点什么稀罕的东西，爸爸妈妈都舍不得吃，总是等翘回姥姥家吃。

20世纪80年代初，吃个鸡蛋都比较困难。我在院子里盖了个鸡窝，养了七八只大母鸡，妈妈来我家住时，我隔三岔五地煮鸡蛋给妈妈吃，可她总是舍不得吃，都要留给翘吃。

那时我不理解妈妈为什么那么小气，现在轮到我当奶奶、姥姥，才体会到妈妈当时疼爱外孙的心情。但孙女孙煜馨三岁生日，我真不知道送她什么礼物才好，我的字写得不好，但我还是写了两幅字，代表爸爸

孙女安静得像一滴水

妈妈和我的一片心意。

一幅是毛主席语录：

世界是你们的，也是我们的，但是归根结底是你们的。你们年轻人朝气蓬勃，正在兴旺时期，好像早晨八九点钟的太阳，希望寄托在你们身上。

一幅是国学大师刘之源送给孙煜馨的藏头诗：

孙武兵法天下奇

煜煜慧光照中西

馨德至今尤传誉

好把智慧润商机

今天是我宝贝孙女 Daphe 的三周岁生日，我是多么期盼老姥姥、老姥爷能够祝福她啊，我相信我的爸爸妈妈在天堂一定会祝福 Daphe 的，盼望她健康、幸福、快乐地成长。

女儿想你

前几天收到卡尔兄弟李明明给我发的一条信息：

“赵妈妈，有件好事。山西音乐界给找孩子的妈妈们写了一首非常感动人的歌《一路寻你》，想邀请您录制，看您何时有时间参与一下，会拍 MV 在全国推广。”

李明明是卡尔兄弟公司总经理。这两天我每天坐在车上听这首歌，唱这首歌。唱着唱着，激动地流下了眼泪。这不正是我想写的歌吗？我就改成《女儿想你》。今天下午，我要到山西省广电学校去录制。

我问明明，我想把这首歌改一下，不知是否可以，不会侵权吧？当时在场的有个小伙子，长得很帅，很有礼貌，看见我就喊“赵妈妈”。明明告诉我，《一路寻你》这首歌就是他作词作曲的。顿时，我把原本不在意的这个小伙子看高了，内心非常敬佩他。他接着说，赵妈妈，不侵权，你完全可以改。李明明也说，赵妈妈，你想用，我们还要给你录制呢。

这个小伙子叫王咏，艺名叫“咏歌”。我说，咏歌，我得采访你一下，你怎么就能写出这么生动、感人、真实的歌呢？他告诉我，他看了

“宝贝回家寻子网”，看到很多妈妈寻子痛哭的镜头，触动了他的心灵，才写出这首《一路寻你》。这几天，我真想再写一首“想爸爸妈妈”的歌。看到这首歌，我觉得我在歌词上已无法超越了。这首歌真正地写出了我的心里话，因为女儿太想爸爸妈妈了，我把它改了一下，变成了心中想唱的歌曲，它的名字就叫《女儿想你》：

眼泪流了多少年？路还有多远？
一年三百六十五天，不知过了多少年。
星星像爸妈在天空一闪一闪，
望着它，就想起你，那双黑黑的眼。
女儿想你，爸妈，你在哪里？
离开了那么久，你想我了没有？
女儿想你，女儿，你在这里？
寻你千山万里，总是在梦里。
头发白了多少根？皱纹多少圈？
一分一秒地思念，泪水早已干。
你的笑脸，那么慈祥，那么灿烂，可只剩下照片。
你让我摸不着，看不到，
想给你给不了，你一个女儿的拥抱。
女儿想你，你到底在哪里？
离开了那么久，你变了没有？
女儿想你，女儿一生想你。
想告诉你，想告诉你，爸妈在心里。
女儿想你！

爸爸妈妈你们听到了吗？

唱给天堂

我的妈妈爱干活、爱干净、爱吃亏、爱帮人、爱担当，她爱的事情太多了。在我的记忆中，妈妈除了做事小心谨慎，不爱多说话以外，几乎没有什么明显的缺点，她就是中国妇女的典型代表。

妈妈还有一爱，就是爱吃双合成的点心。她特别爱吃双合成的玫瑰饼、油食、槽子糕、掉渣饼，还有中秋的郭杜林和蛋皮月饼等。妈妈爱吃甜食，这一点我和妈妈特别像，都爱吃软的、甜的，就连小米稀饭都得放点红糖，黄黄的小米稀饭马上变成了红红的粥。面条也要煮得软软的，直到现在，我还是这个习惯，这应该叫作“舌尖上妈妈的味道”，永远改变不了。

今天，我特别想告诉爸爸妈妈的是另一件事。

爸爸妈妈：双合成长大了，现在变成集团公司了。除双合成之外，还有几个品牌，一个是娘家早餐公司，为顾不上吃早饭的人服务；一个是梅森凯瑟公司，为年轻时尚的人服务；一个是中国红辫子玫瑰园，用鲜花做的玫瑰饼，为有大爱的人服务；还有一个是娘家厨房，主打五行养生包，金、木、水、火、土，主要为养生保养身体的人服务。

娘家公司的主要产品是主食：有娘家年馍、娘家粽，还有你们爱吃的娘家包等等。梅森凯瑟的产品更加丰富：蛋糕、面包应有尽有。这是年轻人最爱吃的时尚、浪漫食品……

你们的女儿晋还坐在汽车上，专门为双合成 2011 年年会写了一首山西民歌《夸夸双合成》。爸爸妈妈，你们在天堂虽然吃不上双合成的新产品，但是，我相信你们可以听到女儿的歌声。

爸爸妈妈，你们喜欢听吗？女儿已听到你们的声音了，“晋啊，太好了，你又进步了。你一定要把双合成的产品打到全国去，让更多的老百姓吃上安全、放心、好吃、好看的产品。”我看到爸爸妈妈笑了，笑得那么甜。

唱给天堂

女儿不孝

爸爸的《回顾八十年的人生路》，是 2001 年 4 月 7 日于太原市迎泽区菜园街 6 号楼寓所写成的。爸爸很认真地给我们签上字，送给我们每人一本。但我是如何对待的呢？想起来，“不孝之子”这帽子扣在自己头上，应该是不大不小正好。记得当初，我看到爸爸的手稿时，头就晕了，字写得很小，密密麻麻，根本无法读下去。后来出了本书（是上海一个包装设计公司做的，字也正规了，但我只看了前面，没有全部看完。爸爸的书静静地放在家里的书架上，整整 12 年光景。

现在轮到我出书了，爸爸的很多事情只知道表面，根本不知道实情。一个好朋友对我说：赵总，你父亲的书你都没有看过？这下刺痛了我，我真没有好好看过，这才拿起爸爸写的书读起来。这是什么原因呢？从表面上看是因为工作，但再忙，12 年看不完一本 120 页的薄书吗？显然不是。

再深一步，是我的爱心和孝心不够吗？对父亲的感情不深吗？难道

回顧八十年的人生路

趙静遠題

2006年四月于太原苏园宿舍

爸爸这本书，我12年后才开始看

我的爱心和孝心只停留在表面，只会给爸爸买好吃的和好穿的，送月饼送水果什么的？事实还真是这样，每逢年过节，我们只是给父母送上时令食品，到家里看看，吃一顿爸妈做的好饭，仅此而已。只做一些力所能及的事情，从来没有感受到父母的内心世界，从来没有感受到父母生命的价值，从来没有感受到父母是个鲜活的生命。他们需要关注，不仅是需要关心，他们渴望子孙们知道他们在想什么。

再深一步，我真正了解父母吗？我了解自己吗？最真实的一句话是，不了解。

俗话说，“养儿才知父母恩”，我们一代一代都是这样教育子女的，但真的是有了儿女就知道父母恩了吗？又有多少人知道呢？赵光宇（我二哥）说，“养孙才知父母恩”，我认为是有道理的，但有了孙子真能知道父母恩吗？为什么对生你的和你生的，你的态度不一样呢？这就是“私心”在作怪。人的规律就是，往下亲得多，往上亲得少；往下舍得多，往上舍得少（当然也不能一概而论）。但有了孙子，你的父母还在世吗？

我今天才有了深刻的理解：失去才知父母恩！这是一件很悲壮和悲哀的事情，这是对“孝”最大的讽刺，这不是经验，而是一种教训，更是一种批评，是一种悲痛的总结。

所以父母诞辰纪念，我出这套书，并不是奢望儿女们去认真地拜读，而是要引导他们去细细品味；不是奢望对别人有多大帮助，更没有炫耀自己的目的或一些商业动机。我真正的想法是，对父母的养育之恩有个回报，对自己的子孙后代有个启迪，对我的心灵深处有个反省。

今天，在吃早饭的时候，就因为这事我问了85岁的婆婆刘慧贞。我问：妈，你什么时候才知道父母恩？她竟然说：“二十四孝第一孝是“卧冰取鱼”，说的是王祥的继母病了想吃活鲤鱼，正值天寒地冻，王祥便解开衣服卧在冰上，冰突然自行融化，跃出两条鲤鱼，继母食后，果然病愈。还有老莱子，70岁为让父母高兴，他穿上彩色衣服，手拿拨浪鼓，像小孩子一样逗父母高兴……”

婆婆还讲了“孟母择邻处”、“孔融让梨”、“司马光砸缸”等至理典故，看来婆婆真比我强多了，太有文化了。

仁者见仁智者见智，看来什么是“孝”，需要每个人深刻地去体验或诠释。其实，中国汉朝的二十四孝已给了我们正确的答案。

拉斯维加斯的哭声

美国拉斯维加斯万豪酒店。呜呜呜——哭声越来越大，越来越响。原来是自己的哭声把自己吵醒了。

爸爸离开我们已经八年了，这么长时间我都没有梦见过爸爸，但今夜在遥远的美国却梦见了爸爸：只见他躺在一张床上，神态与生前没有太大的变化。

我急促地叫着“爸爸，爸爸”，只听爸爸应了一声“嗯”，就再也没有声音了。我怕爸爸离我远去，就一直喊着，“爸爸，爸爸，你陪陪我，你别走啊！”就这样，我哭了，哭声越来越大，哭得很伤心。

我醒了，哭声把我的梦吵醒了。尽管拉斯维加斯的夜景非常漂亮，五彩缤纷，漂亮极了，但房间里却漆黑一片，只有哭声陪伴着我。

高兴的是，爸爸伴随我来到美丽的拉斯维加斯，虽然仅片刻的时间，但我已经很满足了。

这是 8 年来我唯一一次梦到爸爸。爸爸虽然没有多理我，但天上人间的相聚让我感动不已。天亮了，4 点孙女 Daphe 就不睡觉了，我陪着 Daphe 和外孙久久在房间玩。外面的景色璀璨闪耀，房间欢笑一片，快乐无边。

天堂与人间真是不同。生命就是这样循环往返，儿女渐渐长大了，爸爸妈妈就渐渐老了。想到爬满皱纹的父母的脸，上面深深的一道道“沟”，我又哭了。每每想起父母，只有泪水陪伴我，两个小孙子看见就会问：“奶奶，你怎么哭了？”“姥姥，你想家了吗？”“和我们一起玩吧！”如果没有两个孙子这样和我说话，我真不知思念父母的日子如何度过。

日本拖鞋

2004 年春，我随上海团到日本参观展览，带队的是女儿刚认不久的干妈王建明。她带我到日本考察烘焙业，看了一些颇具特色的饼店。那次我收获真不小，日本有家老字号用的烤炉是用石头砌成的，非常有特色，可惜一周时间安排得太紧，忙得没有逛街的时间。

来趟日本不容易，该给爸爸买件礼物吧。几天来我一直想着这事，最后决定给爸爸买双拖鞋，表示做女儿的孝心。

我告建明，我要到一家鞋店给爸爸买双拖鞋。在离开日本的最后一天，我们去逛街，在街上我找到了给爸爸买的拖鞋。日本拖鞋式样很多。我想，来日本就买日本拖鞋，拖鞋上有两个斜的带子，用脚大拇指和二拇指夹起来，走起路来蛮有趣味的。在这样的想法支配下，我给爸爸买下了这双拖鞋，自己觉得很得意，总算满足了孝心，心里真的很高兴。

回到家里，我很兴奋地给爸爸拿出礼物，一双日本拖鞋，爸爸高兴地说，“好，好，好！”但是，后来每当我回到家，从来就没见爸爸穿

爸爸没穿

过这双拖鞋。有一天我问他：“爸爸，您为什么不穿我给您买的日本拖鞋？”他笑着说：“那双拖鞋底子太硬了。”我愣了一下。

后来，我让妹妹光春一了解才恍然大悟。原来，爸爸穿上那双日本拖鞋心里很不舒服，会想起日本侵略中国时，在家乡烧杀抢掠的镜头，以及爷爷奶奶吃的苦、受的罪，爸爸会流下愤怒的泪水。所以，爸爸才以“底子硬”为由来搪塞我。

爸爸离开我们已经八个年头，这双日本拖鞋还在那里静静地休息。前几天，我又看到它了，想起这就是我最后一次给爸爸买的礼物，最后一次孝敬，但它给爸爸带来的是心酸。于是，我把这最后的礼物留下来作为纪念，使我看到它就想到爸爸的心事。有几个儿女真正懂得爸爸妈妈的心事呢？很少！

人活一口气

回忆往事，我能有今天，到底凭什么？我想到一个最最朴实的词，争气，多半生以来，我凭的就是这股劲。

我出生在 1952 年，正是国家困难时期。童年时，妈妈连五毛钱一斤的动物饼干都舍不得给我买。我吃的是家里最好的食物，但还是皮包骨头，因为在那个时期，即使最受宠的我，家里也提供不出好食品。但相比之下，我比两个哥哥在待遇上要好得多，所以那时候我感觉还是很快乐、很幸福的，因为我不懂得什么叫生活。

上了小学我仍很幸福。学习上比较努力，老师很关爱我。我很荣幸地当上了中队长，经常举上队旗参加一些学校组织的活动，唱歌、跳舞、打球，样样不会落下我。回家帮妈妈干点活也是连玩带耍，那时的感受此后再也没有过。

我很顺利地考上了一所好中学——太原 12 中，同学们都羡慕我有运气，我也觉得很光荣。在老师和同学面前，我始终挺胸昂头，自豪无比。

可是好景不长，1966年5月“文化大革命”开始了，学校停课闹革命，工厂停工闹革命。天空似乎乌云笼罩，打、砸、抢事件天天发生，斗臭老九、斗干部、斗走资派，给他们戴上高帽子，红卫兵拿枪逼着他们低下头、弯下腰，在大街上游街示众。昨天还是勤勤恳恳的国家干部，一夜之间被打成反革命，汽车上满载着敲锣打鼓的红卫兵，高呼打倒刘、邓、陶，打倒卫、王、王，有的汽车上还载着职工家属往原籍遣送，清除黑五类的热潮一浪高过一浪。人们不知道国家发生了什么大事，社会一片混乱，我这个宠儿成为弃儿。

12中昨天还能听到朗朗的读书声，下课后一片欢声笑语；但今天打倒走资派、打倒校长、打倒臭老九的怒吼声已覆盖了校园。造反派组织起来去校办公室抢公章，那混乱结束了我们的学习生涯。

回到家里，看见宿舍的墙上贴满了大字报。我恐慌、害怕，不敢抬头看上面写的什么。那时，每天院里充满哭喊声及大包、小包搬家的情景。人们泪水滚滚，两眼迷茫，谁也不知道这是为什么。爸爸妈妈每天也是迷惘的眼神，惆怅的面庞，我害怕极了，不知什么时候灾难就会临头。“打倒反革命赵静远”的大字报很快就贴在院墙上，爸爸被带走了，被囚禁了起来，被剥夺了人身自由。爸爸写材料不慎将“治病救人”写成了“治病治人”，还怀疑他年轻时参加过国民党，有两条人命，他便被打成“历史现行反革命”，关起来不允许回家。妈妈每天以泪水洗面，焦急地在院里来回走动。

我们兄妹四人的目光都盯住了妈妈这个小脚女人。妈妈心急火燎，但同我们一样无能为力。家里常常有脸色凶狠的叔叔阿姨到来，向妈妈问长问短。有一次，我还在家洗衣服，只见一个恶婆子一进门就狠狠地把洗衣盆踢到一边，训问妈妈。妈妈哭着说“不知道”，那恶婆子很不

我的1995

我的1997

满意，时刻要伸手打无助的妈妈。

这些东西，在我心里像一粒种子一样茁壮成长。我们一家老小从此不得不低下高贵的头：同学和小伙伴们不理我了，本来见了老师要敬礼的，但我已没了这个资格。记得好多次我碰到老师，恭恭敬敬地给老师敬礼说，“王老师好”，她却没有理睬就走了。我失望地、呆呆地站在那里，任泪水不住地流着。

从那时起，“争气”这两个字就在我心中熊熊燃烧。现在想起来，我觉得那不是仇恨，只是强烈为爹娘争气的心灵力量。我不上学了，在家帮助妈妈干活，不论是洗面袋还是折书页或是拣捡猪毛，我都埋头苦干。也就是从那时起，我养成了干活的习惯，只要我干的活，就要全力以赴地完成，绝不让别人说一个“不”字。我把别人说“不”当成最大的耻辱，最大的伤害，我相信我有光荣的一天！

果然，我干活出了名，1985年来到双合成当了经理。尽管三十年过去了，双合成扩人了，发展了，从原来销售几十万到销售几个亿，利税从几万到几千万，员工从几十个到几千个，占地从2亩到500亩，而我从一名糕点工人当上了双合成董事长，还当上了全国劳动模范，中国共产党十五大代表，第四届国际妇女大会代表，奥运会火炬手，并成为郭杜林月饼国家非物质文化遗产第四代传人，多次到北京人民大会堂开会领奖。我成功了，成为著名企业家和社会名人，我知道很多人都在总结我的经验，但我认定我最基本的经验就是：为爹娘争气。人就是要活一口气，这口气里才有你的精神动力，谁都不要把自己说得天花乱坠。

回忆是幸福的
也是痛苦的
但更多的是不安

不安

第八集 写给天堂

永远的小孙子，

亲爱的爸爸妈妈：

今天是2013年10月17日，[illegible]

[illegible] DAPHE. [illegible]

[illegible] 今天下午4:40 [illegible]

[illegible]

[illegible]《[illegible] 2014 中华 [illegible]》

[illegible] 活动，[illegible]

[illegible]

2013年 [illegible]，[illegible]

[illegible]

[illegible]。

同我说句话吧

妈妈：

您好！

近来您过得好吗？1997年3月27日下午15：30，是我一生中最痛苦、最伤心的时刻。您老人家永远地离开我们，走了，走到了天堂，走到了乐园。

妈妈，您知道女儿的痛苦吗？

我无时无刻不在想念您，我的心痛得像刀扎一样。翘翘梦到您，问你为什么不说话，您说你憋着一口气说不出来，您一定在生我的气。

您曾对我说过：“我女儿为了工作也不管她的爹和娘。”不孝的女儿让您生气了，妈妈，我真后悔，您能醒来再和我说句话吗？

您曾和我的司机说过：“晋也不回来看我，她回来我就死了。”

我求您了，我回到家里感到了凄凉和孤独，有谁能像您给我母爱，又有谁能像您为我祈祷给我祝福呢？

回到家里，我开门时第一声叫的就是“妈”，可您再也不能答应了。我坐在沙发上，不由得伸手去搂您，可是，当手伸出去的时候，已是空无人影了。

妈妈，托梦给我吧，求您了！

女儿

1997年4月5日

我是党员标兵

妈妈：

您好！

离别已有半个月了，女儿非常想念您老人家。

今天我到省工会参加省工会财贸工委的表彰会，这应该是件高兴事，可您不知道我的心里有多苦啊。拿到荣誉证书后，我哭了，眼泪忍不住地往下流。省里十名优秀共产党员标兵其中就有女儿，这都是您多年教导的结果。

您常对我说："工作要踏实，一辈子要多做好事，多做善事，行善积德。"

妈妈，您是最值得我敬爱的人，您勤劳、节俭、慈善、好强、自理，从不给别人带来一点麻烦和不便。您是中国女性美德的缩影，您的言行举止时刻感染着我、鞭策着我，我工作上的成绩应该全部归根于您老人家。您听见没有，如果时间能够倒流，您还能生活在这个世界上，我情愿辞掉这个经理不干，也要伺候您老，为您洗衣做饭，与您谈天说地。

妈妈，今晚我在天津明日大酒店，已经夜晚2点了，我久久不能入睡。副食品市场的工作进度不大，我很着急，600名职工生活无法保障，大家对我抱着很大的希望。市场职工李全凯等前去向您敬献了用鲜花扎的花圈，希望朵朵鲜花陪伴着您。

妈妈，您走进了花的海洋，乐的园地，希望您能过得愉快。

妈妈，请保佑我吧!

妈妈，请帮助我吧!

妈妈，请开导我吧!

妈妈，让副食品市场尽快振兴起来，让职工生活尽快富裕起来，使女儿的这颗心尽快能平静下来。

再见，妈妈!

不孝女儿

天津明日大酒店

1997年4月12日

我以302票当选

妈妈：

您好！

您听到了没有，今天我在南宫参加市劳模大会，我又一次被评为市特级劳模。

妈妈，1996年是女儿最累、思想负担最重的一年。您知道6月15号也是在这里召开了副食品市场“双推双选”经理的大会，328人参加，我以302票的绝对优势当选，掌声把我推向了艰苦的岗位上。

也就是这一年，是您一生中最宝贵的一年。疾病剥夺了您生命的延续。女儿何尝不知道，我也想抽时间多陪伴您老，给您做一碗可口的饭菜，洗一件衣服，尽一下女儿最后的孝心。可是工作一件接一件，整整半年时间，市场稳定了，人心控制了，隐患消除了，食堂建成了，职工喝上了开水，看得起病了，双合成副食品商城开业了。

双合成月饼销量比去年增加了一倍，销售收入达到了1173万元，全年销售收入高达1957万元，获得利润93.94万元，实现利税219万元。

妈妈，今天我既高兴又难过，高兴的是我为企业为职工尽了自己应尽的责任，做了自己应该做的工作。但我痛苦的是您老人家永远离开了我们，妈妈，都是女儿不孝，让您受苦了。

妈妈，女儿过一会儿将要上台领奖，您一定很高兴吧，但是女儿心里一直在流泪，这些荣誉应该全都归功于您。岳维藩市长不是也为您颁过“优抚模范”奖吗？想到您高尚、伟大的品德，就让我敬佩不已。

您在病危时，我和大哥正在人大、政协会上。您半夜里曾对我说过：“我女儿为了工作也不管她的爹和娘。”这是您对我说的最后一句话，它时常痛扎着女儿的心。为什么忠孝就不能两全呢？

妈妈我要上台领奖了，您多保重。再见。

女儿　晋

1997年4月18日早10：00南宫

回来吧，妈妈

妈妈：

您好。

好久没给您写信了！

中午回家，爸爸正在给秀文表姐写信，二哥在做饭。看到表姐的来信，得知大姨身体也不是太好，她很想您。看到这里，我又泪流满面，你们姐妹三个一直想团聚一回，但是始终没有达成心愿。这些年来，您老身体多病，我们也没有时间同您一道回家探望，回想起来，真是后悔莫及。

妈妈，春暖花开了。我站在阳台上瞭望，那是您常站的地方，是我每次走时您目送我、向我招手的地方。我每次回去，总要在您曾经站、坐、睡的地方待片刻，以表示对您的怀念，对您的哀悼，对您的尊敬。

妈妈，中午二哥给我们吃的是拉面，餐桌上有您非常爱吃的水萝卜、小葱拌豆腐、虾米皮（这是我爸爸买的）、鸡腿等。

午休时，爸爸仍然在看报，同您在时一样，给我看表，到时候唤醒我，并给我倒杯开水。他是一个好父亲，总怕我因为工作病倒。可是，半个多小时，我一直睡不着觉，盖上您的被子，浑身却冷得要命。没有妈妈您在，我的心都是凉的!

妈妈，不知道为什么，您不在家了，家里就凄凉和孤独了许多。

回来吧，妈妈，回家看看，再看看大地蓝天，再看看我们。

女儿

1997年4月22日下午

我戴上五一劳动奖章

妈妈：

您好！近来您好吗？

今天我在省工会活动中心给您写信，我在参加省工会的表彰大会，今年我又被评为山西省五一劳动奖章获奖者了，这么多年来我得到了不少荣誉，都与您的教导有关。是您把我培育长大，指引我、关心我、爱护我。我爱您妈妈！是您最疼我，在我最困难的时候，是您影响我，给予我最大的鼓励；在我没有信心去战胜一切困难的时候，是您给了我最大的支持，是您教育我长大，养育我成人，成为一个能为社会做贡献的人，得到了社会的认可。妈妈我非常感谢您，红花、绶带、奖章，这些全应该归功于您，您才配得上这一切荣誉。

妈妈，我多么想和您在一起，把心里的话向您倾诉。快开会了，这是一次盛会，省城的代表要欢聚一堂，本是高兴的事。1997 年真是我悲喜交加的一年，永生难忘的一年，最痛苦的一年，没有一个人能感觉到这一切，妈妈我真是后悔莫及，时间如果能够倒流，我一定会好好地孝敬您，照顾您。一想到这些，我就心如刀绞，我只有抓紧时间工作，不要有一点空余时间，以此来减轻我的痛苦。

妈妈，明天我去看望您，多保重。再见！

每逢佳节倍思亲！

女儿

1997 年 4 月 29 日 8：40

大蛋糕送到迎泽桥

妈妈：

您好！现在是5月1号晚上1点半了，寅生晚上去玩了，本来我很不高兴，但是也难为他了，我经常不回家，有时回家很晚，但都是为了工作。半夜我还未睡，想起给您写信。

今天是五一劳动节，我们昨晚连夜赶制了一个直径2.1米的大蛋糕，今天上午送到了迎泽大桥的架桥场地，杨继春市长、张贵元主任也到了现场，这是对我双合成工作最大的支持。

妈妈，您知道，迎泽大桥重建工程是市委、市政府给太原市人民办的一件好事，今年10月1号就要通车了，架桥工人他们今天也不能休息，奋战在工地上，所以我作为工人阶级的一分子，送蛋糕为他们祝福，还给他们送了500个背心。背心前面印着架桥英雄。后面写着双合成和你们心连心，也算是企业的形象宣传吧。

中午回家给爸爸买了大馅饺子，大哥带着宝宝也在家，下午寅生、

献给架桥英雄

翘妹也回去了，爸上街去买肉，给我们包饺子吃。爸爸精神还不错，妈妈请放心吧。今天，我中午在家盖着您盖的被子睡了一个小时，那真的是很温馨，就像妈妈在时一样，妈妈的体温温暖着我冰冷的心，妈妈搂着我熟睡，好幸福啊！爸爸依然在看报，等到上班时间叫醒我。妈妈您不在家了，我们真的都很痛苦。不写了。半夜2点了，寅生回来了。

祝您晚安！

1997年5月1日　女儿

夜2：00

母亲节到了

妈妈：

母亲节到了，海尔集团做活动，要给劳模母亲送台洗衣机，他们选中了我，把洗衣机礼品送到了家里。遗憾的是您老人家再也看不到，也用不上了。我心里很难过，我替您把它收下来了，也替您向他们表示感谢。但是，我把洗衣机这份厚礼送到了太原市孤儿院，送给了孩子们。他们虽然得不到母亲的疼爱，但是他们有党和人民的关心和爱护，有全社会母亲的疼爱，我把这份爱，我把这份厚礼送给了孩子们。妈妈，您一定很高兴吧！

妈妈，您安息吧！

女儿敬上

1997 年 5 月 15 日早

我是其中一个

妈妈：

您好！

有段时间未去看您了，您是否埋怨我呢，请原谅。

今天下午要去迎泽宾馆报到，参加省党代表大会，会议的内容是选举十五大代表，据我了解在省里参加选举的代表有500多名。

妈妈，十五大代表候选人中有我，我心里很坦然。我一个工人出身的普通人，没有任何背景，没有任何靠山，太原市两名十五大代表候选人，我就是其中的一个，这已经是很不容易的事了。可以说这么多年的工作得到了社会的公认，得到了大家的认可，我已经心满意足了。选上我，我会按一名党员的标准严格要求自己，履行自己的职责，选不上，我要更加努力工作，认真做事，不断提高自身素质，带领大家把双合成搞好。给老百姓做更好的点心，让老百姓满意是我的责任和义务。

妈妈，端午节到了，祝您节日愉快。翘翘、翘妹临近考试了，我很发愁，他俩的胃都不好，孩子们大了，真不知该如何管他们，您那么疼爱他们，希望他们好好的能考上大学。妈妈别为他们担心了，路有千万条，天生我儿必有用，随他们走吧。妈妈，您老知道吗？党的十五大代表会议是在人民大会堂召开的，是中国最高级别的会议，是选举中共中央总书记等领导的会议，它既庄严又神圣。我会成功的，因为有妈妈的祝福和祈祷。有好消息女儿再向您老汇报。我就要报到走了，开两天会。妈妈再见！

女儿敬上

1997年6月8日下午4：30

预选成功了

妈妈：

今天是8月9日，早晨我们代表乘车来到南文化宫开大会，山西省中国共产党代表会议8：30开始，主持人省委书记胡富国，省委组织部部长作《关于我省出席党的十五大代表候选人预备人选产生情况的说明》：“参加这次民主推荐工作的党委4689个占总数97.99%，党支部97249个占总数97.42%，党总支4913个占总数99.48%。党员1487192人占总数的87.02%。最后上报推荐的代表候选人7155名。省属党员领导干部56名。地市党员153名，厅级领导干部178名，县区党员干部441名，大中型企业党员领导干部182名，单位党员干部298名，铁路民航太原党员领导干部929名，多条战线的优秀党员5818名，从实际工作需要出发提出了42名我省出席党的十五大代表候选人的考察名字，进行考察上报中央审批，大会结束后，回去各团讨论酝酿名字……晚上进行了各代表团预选，要求差额5人，其中要求领导干部差额4人，基层差额1人，晚上11点了，还没有通知代表开会，看来预选成功了。

可是我的心里很不舒服，差下哪一位同志都不好，因为大家都很优秀，省里五大班子领导要保，中央领导要保，11 个地市领导要保，基层人员要保。主要差在厅局领导上，大家都很为难。十五大代表会是全国最高会议，会议上要选举党的总书记，这是很严肃的事，代表将到人民大会堂投下神圣的一票，所有的代表都很重视这次选举。

妈妈，时间不早了，您早点休息，我也睡觉了，有好消息再告诉您，再见。

光晋

8 月 9 日晚迎泽宾馆

大喜大悲

妈妈：

您好！

我爱您，您永远活在我的心中。

妈妈，一个人在自己的哭声中诞生，在别人的哭声中死去，他的存在是那样的短暂，存在一天就得拼搏一天，酸甜苦辣都得尝遍。每次给您写信，我都不知道该怎样对您诉说我心中的苦痛。

今年是我大喜大悲的日子。悲的是：妈妈离我们走了，姚美娥（二青）和她爱人小闫也被坏人杀害了。喜的是：我当选了太原市十五大党代表，一共三人，纪馨芳（市委书记）、公安人员秦红军，还有我。双合成是一个小店，能当上十五大党代表是我们企业的荣誉，也是我们赵氏家族的荣誉，我一定加油，把双合成做强做大，为百姓造福，为太原市争光。党的十五刺代表大会将于9月12日在北京召开，这是我一生最大的光荣，妈妈，您能同我一起分享这一荣誉吗？

光荣时刻

我爸爸病了，因为工作，我不能照顾他，爸爸身体康复是我克服困难的力量，过几天我们代表就要集中到北京开会了，好想带上您一起去北京，因为我知道您的灵魂一直跟随我，保佑着我。

妈您放心吧。

爸爸这几天在吃药打针，过几天就会好的。今年还有一件喜事要向您老汇报：副食品商场在8月19日开业了，市委书记纪馨芳、副市长翟秀英、政协主席董艺、治渣大王李双良都参加了开业典礼，我爸爸也参加了开业庆典，爸爸还和领导照了相。他那高兴劲儿就别提了，真像个孩子。他不停地向人打招呼：谢谢你们！谢谢领导！我好开心啊！

不写了。

再见！

女儿于家中

1997年9月3日

家有三喜

亲爱的爸爸妈妈：

二老好！

2006 年是个好年头，这一年里发生了很多好事情，我想把这些告诉您二老，让你们也一起高兴高兴。

2006 年 5 月 23 号翘妹结婚了，这算是第一大喜吧！您的外孙女婿刘慧君个头不高，大大的眼睛，蛮有灵气的。他的父母是农民，上面还有三个姐姐，家里就这么一个男孩，我和寅生没什么意见，只看他们自己的意见。他的工作单位不算太好，在太原市第六建筑公司当一个跑腿的小领导。

我告诉翘妹："你要考虑好，结婚是终身大事，刘慧君家是农村的，你和一个人结婚就要和他全家结婚，这可不是闹着玩的，但我和你爸爸尊重你的意见。"

爸爸妈妈，你们猜翘妹是怎么回答的？她说，她早就考虑好了！所以，我们给他们办喜事了。

第二大喜是，2006 年 11 月 8 号孙翘在新西兰大学硕士毕业了，我还去了他们学校参加了他的毕业典礼。新西兰大学的毕业典礼很是隆重，又独具风格。很多毕业的学生，吹号角、敲鼓走在前面，汇聚成人潮在大马路上游行。特别风趣的是，这些大男孩都穿着红裙子，后面紧紧跟着毕业的大学生，好像在游行一般，热闹非凡，路经的商人、行人都放炮祝贺，同喜同乐。这一活动结束后，就全到了学校大礼堂。校长一个学生一个学生点名，叫到台上给毕业生戴硕士帽并拍照留影，很威风，很风光。我享受这神圣的时刻。

第三喜是，孙翘也相好了对象。爸爸妈妈，你们知道我这个人脾气不好，还要样。我曾和孙翘讲过，“翘，妈妈毛病多，你找对象要想好了，不能找一个见钱眼开的人，要找一个贤惠的女孩。”翘告我，这个女孩是杭州人，非常节俭，买衣服给他买的是名牌，她自己穿的衣服却很便宜。节俭不正是爸爸妈妈一直喜欢的美德吗？再就是，这个女孩比较懂事，知道体贴人，而且也很贤惠，从“上有天堂，下有苏杭”的杭州到了内陆太原，从没抱怨，你们一定也很喜欢她。

爸爸妈妈，孙翘满意，我和寅生也同意，就这样将日子定在 2006 年 12 月 28 日，我从新西兰回家后就给他们筹办结婚。

爸爸妈妈，这三件大喜事，您二老知道后一定很高兴的，对吧？但遗憾的是，您二老不能亲自参加孙翘、翘妹的结婚大典了，但我相信你们会保佑他们的，祝他们两对新人：俩人结合，双合成喜，喜事连连；俩人结合，双合成福，福气多多；俩人结合，双合成旺，家兴人旺；俩人结合，双合成缘，财源滚滚；俩人结合，双合成龙，双合成凤；生龙生凤，早早生个双胞胎。

爸爸妈妈，在他们大喜之前，我还痛痛快快地大哭了一场，就是因为您二老不能亲自参加你们最疼爱的外孙、外孙女的婚礼，让我痛苦不堪。但有您二老的保佑，他们一定会越来越好的。

爸爸妈妈，你们放心吧！只要有喜事，我还会写信告诉您们二老的，愿天堂人间的亲人一起同喜同乐。

再谈。

女儿晋

2006 年 12 月 5 日

为了梦想

爸爸妈妈：

二老好！

提起笔我又要唠叨了，双合成是前店后厂的小作坊老字号，有 百多年历史，但随着市场的不断拓展，生产车间越来越不够用了，尽管它由一个小厂已扩大为享堂工厂，又发展了寿阳工厂、太谷工厂、娄烦工厂……我一直梦想建工业园，但如何建设现代化工厂成了我一大难题。

我和郭美文四处奔波想找地建厂。太原市高新开发区主任张金旺给了 70 亩地，但我觉得地少价格贵，就没有选择，最后选了晋中市开发区 200 亩建设用地，建设难度可想而知。

有谁知道我的苦衷呢？我既不能和家人讲，又不能和员工说，只有和爸爸妈妈诉说心中的痛苦。

随着国家对食品安全越来越重视，对食品安全要求的标准越来越严，我们的工厂已经不能适应眼前和未来的高标准要求，加之销售量持续增大，建一个现代化、高标准的工厂已成为双合成亟待解决的问题。可是，在双合成中高层干部会上，竟然没有一个人同意我买200亩地建厂。我理解大家的心情，双合成资金有限，无力承担建设大工厂的费用，但我还是一意孤行地把地拿了下来，这是因为双合成的发展太需要高标准的工厂了。你们的女婿孙寅生还叫马淑蓉做我的思想工作，他说，“小马，你们姐妹相处得好，你给光晋做做思想工作，不要买那么大的地，有三五十亩就够了。”孙翘也从新西兰打来电话，劝我不要这么做，风险太大了，说双合成还很弱小……我真是左右为难。但您二老知道我的脾气，只要决心已定，九头牛也拉不回来。我咬牙跺脚，横下一条心买地，可是，钱从哪里来？

我的顾问张明亮对我说：“光晋，你就没有资金概念。”我笑着说，“明亮，我是没有资金概念，我要有资金概念的话，就只能跳楼了。”

我只有一个信念，就是把地拿下来，把工业园盖起来，把产品生产好，造福天下百姓。爸爸妈妈，话是好说，可事情却难办。一个个难题，一个个难关，压得我真是喘不过气来。

贷款下不来，就借高利贷。我真是“上天无门，下地无路”，发动大家到处借钱，总算买了150亩地，建成了福喜工业园。

爸爸妈妈，你们知道吗？我唯一的释放就是到你们坟上好好哭一场。我知道你们在天堂上我都不能让您们省心，真是不孝之子。我跪在你们灵前，放声大哭一场，这样我的心情就会好很多。我起来擦干眼泪，再干。人不是没有眼泪，而是流着眼泪在坎坷的大路上不停地奔跑，直到生命终结。

爸爸妈妈，我买下150亩地，这功劳应该属于你们，不是你们做后盾，我真不知道是什么情况呢，你们永远是我前进的灯塔，是我独创天下的精神力量。

天大地大，不如父母恩情大；天大地大，不如父母力量大。

谢谢爸爸妈妈，你们给了我无穷的能量，让我独闯天下。

谢谢爸爸妈妈！

女儿

2007 年 5 月

久久的故事

亲爱的爸爸妈妈：

你们好！

报告你们一个特大的好消息，你们的外孙女翘妹在2008年1月23日给你们生了一个重外孙子，还是个大胖小子。

孩子刚生下来有九斤重，因为是剖腹生产，为了照顾翘妹，我和翘妹的婆婆在医院的手术室外面等候着。半夜三点，护士推开门说："生下了，孩子九斤，是个男孩！"她的婆婆一听说是个男孩子，当下高兴得跳了起来，跑过来抱住我，"太好了，是个男孩"，看来传统的思想还真是深入人心，只要生下来的是男孩，大人就会认为你有根了，能传宗接代了，特别是农村更是讲究。当然，我们也很高兴，毕竟他是我的第一个外孙，是又一辈人了。

我给外孙起名叫久久，祝愿他健康久久、平安久久、幸福久久，这个小东西可给我们家添了不少的欢乐，每天我和寅生只要一下班就急得赶快回家，看外孙的变化，他会笑了，会闹了，会叫了，本事又长了不少，几乎每天孩子都有新的变化，而久久天真可爱的表情牢牢地印在我的心里，真是让人疼爱得不得了，寅生也是特别高兴，把久久捧在手里怕摔了，含在口里怕化了，那句古话真是说绝了，隔辈亲才是最亲的。

每当我抱着久久一出门，看到久久的人总会夸个不停：“你看那孩子眼睛大大的，耳朵长的多有福相，皮肤也好，头型也好，真是个聪明漂亮的孩子，长大也一定会是个美男子。”

爸爸妈妈，你们听到一定也很高兴吧！这是你们的第一个重外孙，也是我们家孙辈里的第一个孩子，你们可得要保佑久久健康成长啊！

2008 年 5 月 25 日

我当上火炬手

爸爸妈妈：

我当上奥运火炬手了，我真是幸运儿，中国几件大事女儿都有幸参加了，这次又被国家选上了。

1997年第四届世界妇女大会上，女儿作为山西商界唯一的代表，在北京怀柔与全国全世界妇女精英欢聚一堂：女儿参加了人民大会堂世妇会隆重的开幕式；同联合国副秘书长冀朝铸在人民大会堂合影留念；参加合影的还有全国人大代表、平顺西沟村党支部书记申纪兰大姐，大寨党支部书记郭凤莲大姐。

1995年，女儿荣幸地被评为“全国劳动模范”，还登上天安门城楼，在人民大会堂接受表彰。

1997年，女儿光荣地参加了中国共产党第十五次代表大会，在人民大会堂为中共中央总书记江泽民投下神圣的一票。作为一名党员，我始终牢记共产党的教导，永远听党话，跟党走，报党恩，永远当红人，说

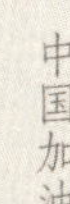

红话，办红事，唱红歌，把全部精力都奉献给国家，奉献给社会，奉献给人民，奉献给企业。女儿还用双合成安全放心的产品造福百姓，造福大众，让人民生活更幸福。

2008年这一年，奥运会在中国举办，这是中国的一件大事，一件大喜事，全国人民欢欣鼓舞，我又荣幸地作为太原市政协的代表，成为奥运火炬手。

奥运火炬于6月28日在太原传递，我成为太原市第五棒火炬手。第一棒是中国著名歌唱家谭晶，第二棒是汶川大地震不怕牺牲勇于救人的武警李静，第三棒是中国国宝申纪兰大姐，第四棒是百度老总李彦宏，他们都是国家的栋梁。我成为第五棒，爸爸妈妈，你们高兴吧，女儿没给你们丢人。

在50米的火炬接力传递时，我用最慢的速度跑了下来，右手高高举着火炬，左手拍着胸脯，高声喊着，“中国加油！奥运加油！”我心里还一直喊着，“山西加油！太原加油！双合成加油！”爸爸妈妈，我会一直加油下去，因为有你们给我力量，给我呵护，给我保佑！

加油！加油！再加油！

为了您二老，我将一生加油，直到生命最后一刻。

女儿

2008年6月26日

开炉了

爸爸妈妈：

2009年7月27日是我终生难忘的日子，是我最开心的好日子和喜日子。两万平方米的工业园 号车间盖起来了，今天要正式投产，我的喜悦真是无法用语言来表述。女儿知识不多，没有好好学习，没办法用更好的词汇向爸爸妈妈汇报。

上午九点开炉仪式启动，正式开炉。我带领中高层干部拜天、拜地、拜电表、拜锅炉、拜设备，期望能平平安安地开炉，安安全全地生产出月饼。这一刻，我的心揪住了，不敢大口呼吸，真怕干扰了设备的正常运转，伤害了双合成福喜工业园的第一炉月饼的质量。

一盘盘月饼在几十米长的烤炉里慢慢地走着、走着，享受着炉里的热量给予它们的温暖，慢慢地把它们烤热烤熟，以供大家提前品尝中秋团圆的温馨。月饼就这样烤熟了。看着第一炉月饼，拿起第一块月饼，我流泪了，我哭了，我内心喊着，双合成万岁，万万岁！

我端起一盘月饼，拿着热乎乎的月饼，送到施工人员手里，高兴地喊着，“快吃，快吃，这是双合成工业园的第一炉月饼，也是你们的功劳，是你们的辛苦，谢谢你们！”我拿着月饼送到员工手里，“快吃我们自己新工厂生产的第一盘月饼，快吃呀！”我还专门给老员工邹荣华一个蛋皮月饼。

月饼是中秋团圆的象征，是五千年中国传统文化的延续。圆圆的月饼代表了全家的团圆幸福，我的心情，爸爸妈妈一定会体验到，你们说我有多高兴啊！

激动的心情真是无法用语言表达，尽管比预期生产日期整整推迟了一个月。说起来这还要感谢你们的女婿孙寅生，因为他不让拆双合成旧设备，担心工厂建不起来会导致无法生产，影响2009年中秋月饼销售。我原本没想到这一点，他一提醒，反而让我下了个决定，把设备全部拆掉，这样，我把自己逼上了绝路。绝路就是出路和生路，就是血路，绝路本身就是路。

旧设备全部拆掉了，工厂还没有建起来，我真是疯了。在工厂我上蹿下跳，看看这里，看看那里，骂骂这个，说说那个，怪不得太原市一建公司的施工人员给我起了个外号，叫“赵疯子”。不管我疯不疯，一号车间开炉了，这就是我最大的幸福和快乐。爸爸妈妈，7月27日值得纪念吧，值得庆祝吧，值得你们和女儿高兴吧！

这也是我此生最快乐的一天。吻二老。

女儿

2009年7月27日

工业园竣工了

亲爱的爸爸妈妈：

好久没给你们写信了，你们在仙居苑（父母墓地）过得好吗？

又要告你们一个好消息，双合成福喜工业园于今天——即2009年9月9日9点9分9秒——在锣鼓声和爆竹声中正式剪彩竣工了。

今年七月份，我和张明亮商量早一点为竣工剪彩做一个礼物，经商量，我们要做些福喜模具，因为是手工刻模，时间比较长。但以那时工业园的乱劲，根本看不到完工的希望。我就随意说了个2009年9月9日，三九碰头。定下来就安排师傅去做模具，同时我们照旧忙碌着日常的建设工作。

7月27日一号车间投产了，但是，园区里里外外的工程还很大，我就没心思再提整个工业园竣工的事，只要能生产月饼，其他对我来说已无所谓了。

突然有一天，晋中开发区质检局领导说，副省长张建欣要来双合成检查中秋月饼的生产情况，让我们准备一下。我毛了，但还是马上安排各项工作。我把大大小小施工队的经理们召集起来，让他们该铺油路的马上铺，该安门的马上安门，该清理垃圾的立即清理，该绿化的马上绿化。安排完以后，大家各自行动，准备迎接副省长张建欣到来。结果，没几天工夫，就完成了所有准备工作，可是，张建欣副省长并没有来。大概是因为太原和晋中两地迁移事项烦琐，领导们担心双合成没有准备好，怕挨他的领导批评。

副省长虽然没有来，但是缩短了时间，整体建设工作大大地推进了一步，园区也像回事了。我立即决定，准备竣工剪彩。这定了以后，十天的时间，大家开始送请柬，还是按刻模具的日期，2009 年 9 月 9 日竣工剪彩。上午刚开完竣工的准备会议，下午就下雨，老天好像有意跟我作对似的，故意为难我，但我这性格，决定了的事是绝不会改变的。

没有想到的是，连阴雨下个不停。我们送请柬时，晋中开发区王志勇主任说："赵总，你最好把竣工的时间推迟一下。"我说："为什么？"王主任说："你看，雨下得这么大，到时候去的人也会很少，再说下雨领导去了也不方便，不能让领导淋雨吧？"我不客气地说："时间不改，就我一个人也要竣工开业。"说完我就走了，但心里一直忐忑不安。

9 月 6 日，下雨，7 日，下雨，8 日，早晨天晴了，我心里无比高兴，但 8 日的半夜，天又阴了。我祈祷着，双合成员工祈祷着：明天一定会阳光灿烂。

爸爸妈妈，9 日的早晨天还是阴沉沉的，但我们的心是热的，激情是饱满的。彩旗插满了工业园区，整个工业园喜气扑人，昂扬向上，红彤彤的拱门精神抖擞地迎接着八方来的客人，硕大的气球在双合成上空高高飘动，一片欢腾的景象。九点九分，天空突然晴了，亮了，蓝蓝的天

双合成工业园

空上飘着几朵白云。

“我的妈呀！”我叫了起来。一千多人头不由得抬起来，很多人在讲，“赵光晋做了多少好事，积了多少德啊，上天都在眷顾她，下了十多天的雨，今天开业竟然天晴了，真是一个大奇迹！”

爸爸妈妈，这是女儿最高兴的事啊，感谢上苍阳光雨露惠顾我和双合成，惠顾双合成在晋中买的这片沃土。这肯定是爸爸的家训在显灵，“清廉持家久，重德子孙昌”，是爸爸妈妈在显灵啊，才让我有了这样的好福气，好兆头。

上午的开幕式，在鞭炮声中由中国食品工业协会领导、省政协副主席李雁红、山西省民建主委韩瑞英、太原市政法委书记柳遂记、晋中市领导和中国糖制品协会秘书长周广军、全国知名食品企业稻香村的副总经理等共同为双合成隆重的开园仪式剪彩。双合成工业园完美地竣工开业，意味着双合成的新纪元正式开始了，爸爸妈妈，你们一定很高兴吧，请为女儿鼓掌喝彩吧，为爸爸妈妈争口气是女儿一生的追求，女儿永远爱您们！

不早了，不写了。

女儿

2009年9月9日

常回家看看

亲爱的爸爸妈妈：

2013年的严冬即将来临，我在紧锣密鼓地准备二老百年诞辰出书的筹办工作。

爸爸妈妈，您的儿女最想对您说的话是，儿女们对不起您们！

爸爸妈妈，对于你们的儿女来说，你们就是世界上最伟大的人，因为你们给了我们生命，把我们养育成人。但是，你们的儿女们因为各自的事业、工作和家庭，没有一个人去请假，好好地陪伴你们一天，没有给过你们更多的快乐和安慰，反而一直让您们劳累和操心。

100多斤的爸爸，60多斤的妈妈，为儿孙劳碌了一生。

爸爸妈妈，你们是因为心中的那份爱而死的，是因为这个家而死的，是因为你们的儿孙而死的，是由于一生的辛苦积劳成疾而累死的。但是，你们的女儿给您们的回报只有这本书《不安》。

你们告别了你们仍然挂念的世界，但你们的儿孙及《不安》的深深愧疚却留在人间。

亲爱的爸爸妈妈，你们是我们的父母，也是天下所有儿女的父母。你们使我们懂得，“儿行千里母担忧，母走千里儿不愁”的道理。

很多儿女都记不住父母的生日，但所有的父母却能清晰的记住儿女的生日，甚至包括孙子的每一天每一刻，这就是伟大的父母之爱。父母之恩即使千年都偿还不了，做儿女的终其一生，也许就是为了偿还父母之爱。

爸爸妈妈，我清楚记得，你们在生命的最后一分钟还叫着我的乳名，“晋啊！”我知道你们有太多的挂念，太多的语言，太多的不舍，但是，我们没有给予你们太多的报恩。爸爸妈妈，我们对不起您，您能否听到儿女发自心底那不安的忏悔声音吗?

爸爸妈妈，在你们白年诞辰之日前，你们不孝的儿女们已经意识到自己的错误和罪过，一定会继承你们伟大精神，用成功和幸福让您们放心。

爸爸妈妈，你们要相信我们的忏悔、觉悟和信心；你们从不屈服、从不抱怨、从不乞求、从不丧气的精神会永远鼓励我们。如果你们的子孙不争气、不成功、不幸福，就不配再当您的子孙。

儿女们知道，你们并没有死，你们的灵魂继续保佑着我们。美国之行，爸爸，我神奇地梦到您了，我就知道，爸爸妈妈每时每刻都在护佑着我们，你们永远活在我们心中。

爸爸妈妈，我们相信，你们会给我们重新做您的儿女的机会。我们要教育自己的儿女用世世代代的努力与优秀的做人来回报你们的养育之恩。我们会用善待天下老人的行动回报您们的品格。我们也会像你们那样做最称职最伟大的父母亲。我们还会用迟到的孝心回报生养我们的这片土地。

世界上最伟大的爸爸妈妈，在你们二老百年诞辰之日，我们恳请您们回来看看，不，要常回家看看！我们离不开二老，你们不仅给我们带来生命，还会带来吉祥！

爸爸妈妈，您们没有死，你们永远活在我们心中，赵氏家训将永远铭记我们心中。

爸爸妈妈，用死使我们清楚了怎么做父母亲的儿女，这样的代价真是太大了。希望生活中不要再出现这样的悲剧。

爸爸妈妈，你们是我们永远缅怀的父母！

2013 年 10 月 17 日 16 时 36 分

于太原武宿机场头等舱贵宾楼

回忆是幸福的
也是痛苦的
但更多的是不安

不安

第九集

幸福家园

奎

大哥一家人　　是你的信

谢谢大哥来信中，今年已经九十了，他也是在旧社会里出生的，人人，幸爷爷的身体也长大，小名叫是叫"套"，也就是套住的意思，因他上面还有两个哥哥都病死，无钱医治不好病死。

大哥出生是荒年的年代，他小时想大一些，后还是好好到了北京，我爷爷带出去了，他也都是出去的，人人，有的读书、学堂、读书，没有

大哥一家人

大哥赵光中，今年74岁。他出生在老家河北省黄骅县（今黄骅市），从小在爷爷奶奶身边长大，因他上面还有两个哥哥有病无钱医治，不幸夭折，所以父母给取小名叫“套”，也就是一定要套住的意思。

大哥生在兵荒马乱的年代，比我整整大一轮。后随着妈妈到了北京，找爸爸谋生去了。他吃得苦更多，从小就拾煤渣、捡破烂，没有吃的就去要饭。大哥内向听话，从不惹妈妈生气，对我们和蔼可亲。我记得文化大革命串连时，就是他的一句话——“妈，让光晋去吧，又不花车票钱，到北京看看天安门。”——妈妈才同意我到北京串连。我于是参加了毛主席第二次接见红卫兵的那个激动人心的场面，伟大领袖毛主席坐在汽车上向我们招手，我们拼命喊：毛主席万岁！毛主席万万岁！大哥还对我说，“光晋，你可不敢把功课拉下，自己也能自学啊，不懂得我就告你。”那时，大哥已经是太原工学院的大学生了。一直以来，我把大哥看成是父亲，因为他总是笑嘻嘻地待我们。他上学住校，回到家就像个女孩一样，会帮助妈妈打扫家、洗衣服、挑水、做饭，没有他不干的事情。

1968年元旦，大哥结婚了。大嫂李玉珍身材高大、漂亮，在太原河西区（今万柏林区）检察院工作，是个很有气质的国家干部。那时家里穷，婚礼没有什么排场之说，爸爸下厨做饭，在家里请了几桌，简简单单就把婚事办了。

大哥也是个帅小伙，特别爱唱歌，我小时候唱的很多歌就是跟大哥学会的。

结婚第二年，大哥的第一个孩子——赵鹏（大红）出生了。我们赵家有了长孙，爸爸妈妈那个高兴啊，赵家有根了。人丁兴旺、家业兴旺是传统留下来的观念。大红四个月，大嫂又怀上了赵程（二红），大嫂害喜反应很厉害，不停地吐，根本不能照顾大红，大红从此跟上了奶奶。那时订牛奶是件很难的事，不像现在满大街的商店都有牛奶。妈妈每天给她的孙子熬白面糊糊当牛奶喝。当时，我费了好大劲儿才托人在牛奶场订了半斤牛奶。我和妹妹都帮着妈妈每天照顾大红，他成了我们全家的心肝宝贝。

后来，大嫂又生了赵程（二红）、赵燕飞（小燕），大哥有了两儿一女，日子虽然艰辛，但很温馨。

大哥在太原市总工会职工大学任副校长，是太原市政协委员。大哥一生对工作认真负责，求真务实、精益求精，他性格倔强，爱咬个死理，根本不像现代社会上有些人，见人说人话，见鬼说鬼话，油腔滑调的会拉关系，不做实事。大哥生活简朴，从不舍得花钱买东西。妈妈常对我们说，你大哥一分钱也得掰两半花。这正是习近平主席提倡的“勤俭节约”，也符合父亲的家训：清廉持家久，重德子孙昌。大哥是我学习的楷模。

大嫂在万柏林区人民政府工作，曾任区法院民事庭庭长、审判员，区环保局副局长，以副处级干部级别在区委组织部退休。虽然大嫂退休了，但风采依旧。我不穿的大衣穿在她身上，走在街上也是一道亮丽的风景，大有“花香自有蝶飞来”的感觉。

如今，大哥的三个孩子都成家了，第三代也有了。

大孙子赵剑麟在北京城市学院上大学。他勤奋好学、吃苦耐劳、仁义善良、非常听话，非常爱老爷爷老奶奶。

孙女赵欣雨，在太原37中上初二，她学习成绩很好，琵琶也弹得很好，经常参加演出获奖。

外孙女张雨芝，随父母在深圳上学。她学习成绩优秀，每次考试都在班里名列前茅，现在已经考上了深圳双语重点中学，上初一。她喜欢写作和画画，也经常投稿获奖。

大嫂每天给孙女赵欣雨做饭，虽然很辛苦，但她心情很好，很高兴，经常去爬山锻炼，身体很棒。

我住院时，大嫂像个妈妈一样，每天跑来给我送饭，不是送饺子，就是送馅饼，要不就是包子，因为这都是妈妈常给我们做的饭。她煮的鸡蛋特别好吃，不老不嫩，我一口气能吃好几个。大嫂腌的咸菜，那是没得说。我还想着，她应该开个咸菜店，现做现卖。

大哥退休后，就来到双合成给我帮忙整理企业的历史资料，至今已经工作13年了。他从一张照片、一份报纸、一块奖牌、一份资料开始整理，到现在已经建立起了同类企业中比较科学的、系统的、规范的、标准化的、完善的档案资料室，建立起了完整的文字档案、电子档案、实物档案，并培养了资料工作人员。此外还建立了完善的工作系统和管理制度。他不辞辛劳，四方奔走，走访老工人、社会各界名人，整理出双合成老字号的发展史和企业的传统文化，编著了《双合成记忆》一书，为双合成的企业文化建设奠定了坚实的基础，做出了重大的贡献，真成了双合成的功臣，2012 年被评为双合成特级劳动模范，成为大家敬重的德高望重的老人。

大哥这一家人生活过得平淡而充实。

二哥一家人

二哥赵光宇，今年66岁，真是不数不知道，一数吓一跳。时间过得真快啊，不知不觉他也退休了，在我的记忆中，他还是当年那个调皮好动的小哥哥呢。

我的性格外向、泼辣、敢说敢干，这和我二哥的影响分不开。

我俩差四岁，那时候他去外面玩，总是带着我。他玩狗，我也玩狗，怪不得我喜欢狗呢。我成家后，家里最多养过七条狗，比人还多呢。他爬树，我也爬树。他摘槐花，我就帮忙装槐花。他抓蛤蟆，我就拿个箱子帮他装。他钓鱼，我也跟着在河边玩。总之，二哥干啥，我就跟着干啥，我就是一个典型的跟屁虫。

现在想来，双合成形成规模，发展壮大，产值上亿，销售额上亿，利润上千万，员工上千人，除了爸爸妈妈的培育引导之外，就是二哥的功劳最大了。他外向的性格直接影响着我，练就了我天不怕、地不怕的个性。只要是自己想干的，就敢干，就会干，就能干成。双合成投资三个亿建成福喜工业园，就是这样干成的。

二嫂王学珍，精明强干，曾是太原重型机器厂的一名工程师。她出身书香门第，父亲是一位高级工程师，1997年因单位效益不好，提前离职，去了太平洋保险公司工作，从一名小小的业务员，经自己一步步努力荣升为主任、部门经理、分公司经营部主任。之后，二嫂在太原实验中学尖子班任班主任，她像关爱自己孩子一样关心学生，她因材施教，教导有方，好多学生都考入了国家重点大学，所以受到学生和家长的称赞和爱戴。现在她的学生遍及全国各地，真是桃李满天下。

婚后，二哥二嫂一直和父母亲同住。几十年如一日，二哥二嫂尽心尽力侍奉两位老人，日常饮食、起居、衣食、出行等等，事无巨细都要检点齐全。遇上父母亲生病，二哥总是整夜地守候在病床前。如遇特殊情况二哥需要外出，总是先把老人的饮食安排妥当，即使出了门也要再次打电话叮嘱老人。多少年来二哥早已把照顾父母亲当作自己的责任，以至父亲去世两三年后，二哥仍然悲痛万分。孝心无价，几十年来二哥始终如一照顾父母亲，真可谓是个大孝子。

侄儿赵晓琼遗传了父母的好基因，从小聪明伶俐，学习成绩一向优异。1999年由山西大学附中考入四川大学生物工程专业。2003年四川大学毕业，取得生物工程技术和国际经济与贸易双学士学位。2005年考入浙江大学计算机学院硕士研究生，2007年毕业就职。2012年考入浙江大学计算机学院博士研究生。现在赵晓琼在杭州网新恒天工作，任职助理副总裁、项目经理、客户经理、高级顾问。

2008年9月28日，赵晓琼结婚了。侄媳叫李盼，高考时曾是东北的状元，被清华大学录取，后又考入浙江大学计算机系读硕士研究生。毕业后在杭州道富中国工作，任项目经理、高级质量保证工程师。

侄儿赵晓琼也有了自己的孩子，名叫赵若其。小若其现在已经两岁多了，非常聪明，已经能熟练背诵四五十首唐诗，并进行简单的日常英语会话，国内外各类汽车标志都如数家珍，是一个人见人爱的小宝宝。两个地道的大学生爷爷奶奶，优秀的硕士妈妈和博士爸爸，一定会把赵家的孙子培养得更优秀，更卓越，赵家一定会更辉煌。

目前，赵晓琼一家三口和二哥二嫂都已定居杭州，在美丽的西湖畔一家人其乐融融，幸福美满！

我们一家人

我们这一家人现在真的很幸福。

我和爸爸妈妈同在一个城市里，要说距离也不是很远，可是各自都有自己的小家庭，兄妹四人都在忙自己的那些事。白天上班，晚上回家还要洗衣做饭，根本顾不上回家看望爸爸妈妈。为什么“常回家看看”这首歌很火呢？主要原因就是不能常回家，更不用说帮妈妈洗洗碗给爸爸捶捶背了。所以我就有了个想法，给爱人孙寅生说，“寅生，我最想的就是买3套房子，在一个楼层上，我们一套，儿子一套，女儿一套，那样，我们开开门是一家人，关住门是三家人，不但各人有各人的空间，还能天天聚会。”爱人一听说，“这样太好了，这个主意好，省得他们儿女还得往我们家里跑，我们也不用去看孩子们。”我俩达成一致的意见后，就到处看房子。榆次的新兴国际文教城，房价不贵，不到四千元一平米，户型也好，我们毫不犹豫地就买了三套房，七楼一套，八楼两套。女儿真妮、女婿刘慧君听话，大人怎么说怎么办。儿子孙翘很有意见，对我说，

"妈妈，在国外，孩子18岁就自己独立了，我都快30岁了，你还要让我和你们住在一起，我们老是在你的翅膀下生活，总是飞不起来。"我想，儿子可能是担心我们婆媳之间会相处得不好。不管儿子是什么想法，我们还是住在了一起，我们十多口人在一起吃饭，孙子外孙有在地上爬的，有哭的，有叫的，好不热闹啊。

你看，我回家，孙女Daphe就跑过来叫，"奶奶奶奶，你回来了！"久久也在喊，"姥姥姥姥，你回来了，给我买什么好吃的了？"一个叫奶奶，一个叫姥姥，叫得我都头晕了。

寅生回到家里，孙子吉祥追着让爷爷抱，却不让奶奶抱，我就说："吉祥，你不让奶奶抱，奶奶还能休息呢。"

老奶奶（我婆婆）八十五岁了，她插话了，"嗯，吉祥不让你抱，你给物质就不行，不知道教育他们，只给他们买吃的，拿物质是买不到他们心的，他们不和你亲。"

我毫不示弱地接着说："教育他们是爹娘的事，不是我的事，就是一辈管一辈，他姓孙，也不姓赵，吉祥不让抱，也得叫奶奶呀。"

家里的说笑声起伏不断，儿媳佳佳笑了，儿子孙翘说："妈妈你光工作不回家，你不抱吉祥，吉祥当然不让你抱了，因为你抱得少嘛！"

如意跑过来了，嗷嗷地叫着，她还不会叫姥姥就会叫奶奶，这可怪了。外孙如意从小在姥姥家长大，根本不会叫姥姥就会叫奶奶，这可真是："外孙是姥姥家的狗，吃了就走"，姥姥疼也没用。

Daphe这是外国的名字，因为她在新西兰出生，是新西兰籍。Daphe坐在我腿上玩，久久看见就说姥姥我也想坐在你腿上。一人坐一条腿吧，拉着两人都坐起来在腿上玩。我们这一大家人真是热闹非凡，不是老奶奶喊就是小吉祥闹，不是如意哭了就是久久叫，每个人都是忙得不可开交。

姑娘女婿儿子各干个的，总也碰不到一块吃饭。

儿子孙翘说："妈妈你要答应我，每周休息一天和吉祥玩，公司的事你就少操点心，你和爸爸每个月到外地玩玩行吗？"

儿媳佳佳从不多言，特别孝敬奶奶，穿衣吃饭都很节俭。杭州出生的女孩长得很秀气，来太原生活也不嫌弃。我们吃山西的饭她也跟着吃，从不挑肥拣瘦，是我非常喜欢的好媳妇。

女婿刘慧君生长在农村一个极其普通的家庭，父母是农民没有什么生活来源，就这样，他爸爸还经常给我们送鸡蛋，送不上化肥的蔬菜。我高兴地说，"这倒不错，有农民的亲家，我们可以吃干净的菜了，城市农村合和就赢。"

过年了，儿媳、女婿的父母都在我们家住着过年，我们与亲家相处得很好，真是其乐融融。瞧，我们这一家人，真好！

妹妹一家人

妹妹生在春暖花开之时，爸爸妈妈给她取名叫光春。她是妈妈的老生子，从小爸爸妈妈对她关爱有加。她是爸爸的开心果，是妈妈的小棉袄，是爸爸妈妈的心头肉。

妹妹一米六的个头，圆圆的脸庞，五官端庄秀气，一看就是个有教养的大家闺秀，加上很会穿戴，真是气质非凡。

妹妹是学医做护理工作的。爸爸妈妈上了年纪以后，经常闹病，特别是我妈更是体弱多病。二老身体一不舒服，吃药、打针、输液、护理全靠妹妹了。她心灵手巧耐心细致，在保障父母健康方面立了大功。

关照妹妹的生活是爸爸妈妈常常挂念的事。妈妈在病重的时候，还对我交代了一件事，就是要照顾好这个妹妹，因为她小。妈妈说，“晋啊，你要照顾好光春呀！”爸爸也是一样，“光春最小，我不放心她，你要照顾好她呀！”

妹妹在家最小，最受宠爱，但是她长大成家以后，在婆家却撑起了另一片天地。

妹夫马靖宇，是有名的书法家和拉二胡的好手，他在日本留学时，多次参加民乐演奏会，得过好多奖项。现在山西大学任教，专教外国留学生中国书法和中国民族乐器，传播中国文化。

妹夫的性格好，妈妈生前很愿意到妹妹家小住，妹夫总是逗得妈妈直笑，妈妈就经常向我夸这个有学问的妹夫，这使我产生嫉妒。

我总觉得老天真会成全人，这就是天赐良缘：妹夫性格外向，妹妹性格内向；妹夫爱说爱笑，妹妹谨言慎行；妹夫身为大学老师知识渊博、为人师表，善交朋友、博采众长，妹妹是医院高级护理人员，白衣天使，热爱生活、关心他人，从家到单位就是两点一线；妹夫是勤奋好学、朴实谦虚、豁达忠厚的男子汉大丈夫，妹妹爱织毛衣、爱做针线活、善解人意、感情细腻，是个能忍能让的贤妻良母。

他们真是天生的一对，地配的一双，太般配了，他们的小日子过得很安逸很温馨。

他们俩生了一个宝贝女儿，叫马逸飞，小名飞飞，是硕士毕业生。生在书香之家，从小就练习书法，画国画，八岁时就参加全国性的比赛，荣获大奖。后来上了大学，读完硕士，成了才女。她上大学时，还光荣地加入了中国共产党，是学校学生会干部。飞飞身材匀称，一米六八的个头，大大的眼睛，性格豪爽，天真活泼，勤奋好学，是个纯真浪漫的女孩。

我和妹妹是截然不同的两个人，她干活认认真真，我干活毛毛躁躁；她说话谨慎有加，我说话不假思考；她办事如同春雨润物无声，我办事如同夏日的疾风骤雨。

2013 年 10 月 30 日，是妹妹家大喜的日子，飞飞要出嫁了。妹妹一个人在家里收拾家，将近200平方米的房子全部都贴上了壁纸。她整整忙了两个月的时间，跪在地上不停地擦地，屋子里里外外边边角角都留下了妹妹干活的痕迹，我很佩服这个精干、能干、肯干的妹妹。

妹妹为飞飞准备结婚的东西，就像当年妈妈为我们准备嫁妆一样，被褥、衣服叠放得板板正正，箱子里的东西放得整整齐齐，嫁妆明细写得清清楚楚。她的个头、长相、性格、为人处事和我母亲一模一样。

外甥女婿叫张人杰，在银行工作，曾在新西兰留学十年。他高高的个头，白净的脸庞，说话文质彬彬，是个典型的文化人，全家人都非常满意。

迎亲时，女儿走了，把妈妈的心也带走了，妹妹流泪了。回门的时候，妹妹用的是太原罕见的加长劳斯莱斯，把女儿女婿接回娘家。穿着中式的结婚礼服，举行了中式的婚礼庆典，一切都是那样的亲切。飞飞、人杰跪下给父母磕头谢恩，那一幕让在场的很多人感动得流下了眼泪。

进入神圣的婚礼殿堂前，妹妹给她女儿梳头的影子映在了白白的纱帐上，妹妹一边给女儿梳头，一面说着：

一梳：事事如意

二梳：和和美美

三梳：儿孙满堂

在场的嘉宾、家人、亲朋看到这样的场面，都为她们母女的亲情和新婚的幸福而感动。因为，所有的妈妈都给女儿梳过头，但这次梳头寓意深远。我看到妹妹那幸福的笑容，真的好高兴呀！

妹夫在这别具一格的婚礼上，挥毫写下了“双合成喜”四个大字，把婚礼推向了高潮。大家都祝愿这对新人：双合成喜，喜事连连；双合成福，福气多多；双合成财，财源滚滚；双合成旺，家兴人旺；双合成龙，生龙生凤。全家都期盼着一对新人能早日抱个大胖小子。

儿子一家人

翘翘就是孙翘，当初给他起这个名字没有其他意思，就是想让儿子昂首挺胸，积极向上地面对生活，面对未来。

你别说，我这个儿子还真争气，经常给爷爷奶奶长脸、加分，我为此真是骄傲过。

先说长相。翘翘属于眉清目秀的那种人，小时候谁见了都要夸奖几句。长大了仪表堂堂，属于帅呆了的那种小伙子，倒不是因为翘翘是我儿我才这么说。

翘翘在国内读完大学就去了新西兰，在那个举目无亲的国度里，翘翘自强自立，学会了生存的本领，接受了国内孩子根本不会有的锻炼。他在新西兰帮人家摘苹果，捡高尔夫球，洗盘子，做过跑堂。

俗话说，富养闺女穷养儿。儿子虽然做过这些看似不体面的活儿，但是勤工俭学，自食其力，是中华民族的优良传统。孩子能这样面对生活，面对人生，我觉得是一笔财富，一笔无法用金钱来衡量的财富。他会因此受益终生的。

翘翘是一个有志向的孩子。留学 10 年，获得学士、硕士学位，这让我很自豪。记得翘翘硕士毕业时，学校邀请我参加毕业典礼，当时的场面我至今记忆犹新，激动万分。

新西兰是一个有着英国传统的国家。毕业典礼不像咱们国家很规矩、很讲究，他们特别开放，没有任何拘束。大家敲着鼓，跳着舞，放着炮。男人们穿着各种格子的裙子，在大街上欢欣鼓舞，用自己的民族特色庆贺一批国家栋梁人才的横空出世。更让我感动的是，每个硕士帽子都是校长给戴的，那场面真是让人激动、冲动。

翘翘带着硕士帽，穿着硕士衣在蓝天白云、草坪的衬托下，特别帅，特别酷。那一刻，我的幸福指数攀升到很高很高。当我们母子相拥时，那幸福叫一个满，叫一个饱。

翘翘在新西兰留学时，认识了学金融的张琳佳，就是我现在的儿媳妇。张琳佳是杭州人，是一名非常传统、非常俭朴的江南女子，身上散发着江南水乡的灵性，映透着大家闺秀的风范。我第一次与她见面就喜欢上这个孩子了，特别是翘翘给我讲了他们相处的一些故事，着实让我感动。就说买衣服这件事，她买衣服总是买便宜的，但是给翘翘买的是品牌衣服，总是想法儿让自己的男朋友更体面、更排场些，这不是典型的贤妻良母型的女人吗？还有，她比翘翘先回国，但她总怕翘翘在国外受制，经常给翘翘打钱。

翘翘喜欢张琳佳，我和寅生更喜欢张琳佳。

在翘翘和张琳佳结婚时，张琳佳更让我们感动。张琳佳结婚时，没有要彩礼，没有要金手镯、金项链……没有任何要求，你说怎么办就怎么办。多懂事的孩子，多明事理的孩子，这么好的孩子我们能亏待吗？

我把这个儿子交给她，我能不放心吗？

翘翘和张琳佳的结合，给我们家带来了新气象、新希望。婚后他们一直生活在新西兰，他们用自己的能耐寻找自己生活的乐趣，后来又给我们生了一个非常漂亮的小天使。Daphe 的到来，给我们大家庭增加了无穷的快乐。

翘翘在新西兰开了一家糕饼店，张琳佳在家带孩子。我和寅生曾去那里看望他们，见到小天使，我那个高兴，那个兴奋，真是语言表达不了，真是让我心花怒放啊！

前两年，翘翘一家人放弃了国外的生活，毅然回国。他说：“我要用学到的知识报效自己的祖国，因为我是中国人！”

我和寅生都觉得孩子有孩子的志向，孩子的选择是对的，我们应该支持。

翘翘回国后，在双合成担任了公司副总经理兼梅森凯瑟总经理，他工作很卖力，而且把国外许多管理理念带到了双合成和梅森凯瑟，很快梅森凯瑟的规模扩大了，由他接手时的 10 个店增加到现在的 21 个店，极大地满足了太原人追求时尚的生活需求，为省城增加了一道法兰西口味的风景线。

2013 年 12 月 2 日，翘翘受邀在西昌卫星发射中心观看了嫦娥 3 号发射，深深地被祖国的航天事业的发展和祖国的强大所感动，回来后他告诉我们，“当嫦娥 3 号发射成功的那一刻，我们欢呼了，跳跃了，真为自己是个中国人感到骄傲和自豪。”2013 年 12 月，翘翘还被山西省财贸轻纺烟草工会授予“五一劳动奖章”，表明社会对他工作的认可和肯定。

2012 年农历十月十六，翘翘的儿子出生了，取名为孙煜东，他的到来，为我们家带来了崭新的惊喜。

快九十岁的老奶奶看着小孙子，笑得脸上皱纹都少了，寅生更是把孙子视为命根子，真是捧在手里怕摔了，含在嘴里怕化了，有时我还因此笑话他，其实我比他更是有过之而无不及。

现在，翘翘每天工作忙得脚打头，琳佳在家带孩子，他们 4 口人再加上孩子的姥姥，生活得很精彩，很幸福，很开心。

女儿一家人

翘妹是我唯一的女儿。

翘妹的大名叫孙嫈真妮，因为她哥哥叫翘翘，所以她的小名就叫翘妹。很多人乍一听“翘妹”还以为是广州、深圳人呢，其实这是我们父母懒、图省事，就随她哥哥翘翘的名字叫了个翘妹。

翘妹从小乖巧听话，从不惹事，性格内敛，不爱声张。但是她的主意一旦有了，要想让她改变，真不是一件容易的事情。

上幼儿园时，翘妹就不爱说话，如果阿姨不给她吃东西或吃饭时没有喊她，翘妹就不主动找阿姨要，搞得阿姨经常把她落下，后来知道了翘妹的性格，就特别关照她。她不说话，可是很听话，阿姨特别喜欢这样的孩子。

还有，幼儿园的阿姨教小朋友唱儿歌，翘妹经常是看着阿姨不出声，可是回家后却要把阿姨教的儿歌背给我们听。隔壁玉玲阿姨就常说，“你看人家翘妹，学儿歌时不张嘴，回来可是都会背。”当时我想，翘妹这孩子心事重，不是用心在学习，长大了没准儿还是个另类人才。

上初中了，翘妹一下课就往双合成跑。当时我很担心，翘妹老往双合成跑，这是分心啊，于是我就对她说，“你不好好学习，就不能到双合成了！”你猜她怎么说？“你不让我来双合成，我学习就更不好！”翘妹说这样的话，让我很生气。

那时候，双合成还是前店后厂，规模效益都不怎么好。我刚来双合成当经理不久，每天早来晚走，把双合成当成家一样，所以，翘妹就经常跟着我在双合成上班。可以说双合成一步一步的发展，都印刻在翘妹幼小的心灵里，你说翘妹这个双合成的“老员工”能与双合成没有感情？

翘妹长大了，就来到双合成工作，曾经当过梅森凯瑟的总经理。在她任经理期间，把梅森凯瑟搞得红红火火，员工都愿意跟她拼命工作。翘妹很会用心去感动老员工，感染员工，感激员工，所以，在她任职期间，梅森凯瑟在太原从 1 个店发展到 13 个店，使省城人民认可了梅森凯瑟这个来自法国口味的点心、面包，翘妹也被评为太原市优秀企业家，太原市劳动模范。你说说，这个打小不爱说话的姑娘，居然能有这般本事，能不说是“另类人才”呀，看到姑娘有这么出息，我能不高兴和骄傲吗？

翘妹到了谈婚论嫁的时候，这可让我发愁了，生怕她给找回一个不称心的女婿。如果她找不下我看上的女婿，让她改变主意，那可是难上加难。

你别说，啥人啥命，翘妹给我找下了称心女婿。女婿叫刘慧君，是一个从晋中盆地走出来的后生，上面有三个姐姐，父母在农村务农。父母本本分分，勤劳致富。刘慧君朝气蓬勃，精神飒爽，一看就是个老实厚道的孩子，我和老孙都能看中他，翘妹也很满意。又怕刘慧君父母在农村，翘妹将来有啥想法，我就很严肃地与她谈话：“翘妹，你要考虑好，和刘慧君将来结婚，就是和他全家人结合。你公婆在农村，人家的生活习惯必须去适应。人家一辈子是不会改变的。”

可是，翘妹的主意早定了，态度非常坚决，就这样，翘妹和刘慧君于2006年5月23日结婚了。婚后小两口恩恩爱爱，相互帮助，有时翘妹不讲理，刘慧君也能忍让，日子过得不用我们操心。2008年腊月，翘妹生了一个九斤重的男孩，大名叫刘宇航，小名是我取的叫久久，寓意孩子健康久久、幸福久久、开心久久。久久给我们这个家带来了无穷的欢乐，幸福指数啪啪地向上升。

久久的爷爷奶奶有了久久这个孙子，那是高兴得真不知道说什么，做什么才能表达隔辈亲的感情。久久的爷爷为了让久久能吃上新鲜、地道的土鸡蛋，经常跑上几十公里到邻县去买；奶奶为了喂久久一口饭，能在家里转个来回，而且不发火、不生气。你说现在的爷爷奶奶成了啥了？有了孙子自己比孙子还孙子。没办法，这就是人性，就是人类生生不息的动力。

久久4岁时，翘妹又生了一个闺女，这一儿一女是上天赐给刘家的，是对刘家父母为人善良、勤俭持家的回报。我也高兴得不得了，翘妹的二姨说，“翘妹这叫生了个如意。”

外孙女就叫了如意，这是天如意，地如意，人如意，外孙女一生如如意意的。现在如意也一岁多了，很聪明，很会讨人喜欢，还会吃醋呢。我下班如果只抱哥哥、姐姐，还没来得及抱她，你看她那脸，肯定不高兴！

再说女婿刘慧君，他原来是太原一家建筑公司的部门经理，为了双合成的发展，为了给我减轻工作负担，毅然打碎了“铁饭碗”，来双合成担任了主管产品研发的工作。俗话说，隔行如隔山。可是，刘慧君脑子灵活又肯钻研学习，很快就上了道，这让我很满意。刘慧君尽心尽职，忙得一年休息不了几天。有时，我真心疼这“半个儿”，生怕累坏了他，经常不停地劝他，该休息就休息，可不要像我这样，成了“工作狂”。

翘妹一家人和我住得很近，他们亲亲热热、和谐幸福，让我很放心，很满意。

但愿他们能这样永远开开心心，永远快快乐乐，永远幸福美满。

侄儿几家人

侄儿大红和二红，从小就很要好，从小就形影不离的，但又特别的调皮。

记得有一次他们在学校玩火，差点把房子给烧了，险些酿成大祸。他们的爸爸妈妈到学校开家长会就成了常客。大红从小在奶奶家长大，叔叔和姑姑都特别地疼爱他，奶奶爷爷更是无微不至地关心他。在奶奶家大红是个宠物，可是到了他家就完全不一样了，二红才是家里的一霸，根本没有大红的立足之地。兄弟俩长大后，这种鸿沟在他们身上就显现不出来了。大红到了我家和妹妹家比较自由自在，无拘无束地玩耍，二红就比较拘谨，一回到他家，二红就显得自由自在，大红就比较紧张，怕妈妈骂他，或者打他。这样，我妈妈就经常责备自己，“唉，我缺德了，不该让大红留在家里（奶奶家）。大红在奶奶家长大，就和妈妈比较生疏，比较远。”其实都是娘身上掉下来的肉，谁都是亲的。

大红大一点，总让着二红，哥哥让弟弟，是天经地义的。弟兄俩就差一岁，上学他俩一起走，路上也有个伴，边走边玩，经常是迟到挨老师的批评。上中学了，弟兄俩在不同的学校，晚上回家不睡觉，一块到外面玩，很晚才能回家。他们的爸爸妈妈上班忙，根本顾不上他俩的学习。长大了，大红上班了，二红当兵了，这下酷似一对双胞胎的兄弟非常孤闷，弟弟当了两年兵非要复员回来。

哥哥大红要结婚了，弟弟二红在酒店当了个小经理，跑前跑后忙着给哥哥操办事情。大红找的对象，我们全家都不同意，嫌女方个头低，不像是赵家的人。我们一定是为赵家的后代考虑，可是这头驴谁也拉不回来，说非她不娶，对这个媳妇真是体贴入微，就连袜子也是他买。真是人的命运老天定的，谁都没有办法改变。

大红做起了古玩生意，诚信为本，诚实为根，客户来的很多，买卖不错。大红早早给媳妇买了辆30多万的汽车，儿子也上大学了，他媳妇鲁君憨厚，回家不干活儿，一头扎在企业忙碌，当了一名好店长，家里家外全是大红一人担当。

弟弟二红也到结婚年龄了，找了个很标致的女孩，文化也高，经常给别人讲课。这个媳妇可是里里外外一把好手，在外教别人的孩子，在家里教自己的孩子。他们的孩子久久，很有出息，经常代表学校去表演琵琶，回回考试都是名列前茅。

这弟兄俩对他们的妹妹更是关心体谅，就这一个小妹妹叫赵燕飞。赵燕飞是大哥的宝贝女儿，家里最小的一个，大家都叫她“燕儿”。

她从小聪明伶俐，漂亮可爱。因为是女孩，爷爷、奶奶、叔叔、姑姑都非常喜欢她。两个哥哥更是疼爱她，有什么好吃的都先让燕儿吃，也不让她在外面受委屈。

上学的时候，燕儿特别爱学习，勤钻研，门门功课都名列前茅，不像两个哥哥经常惹是生非。因此，她的爸爸妈妈对她是疼爱有加。

我爸爸妈妈就燕儿这么一个孙女，学的是会计专业，大学毕业就结婚了，跟上女婿张俊到深圳闯天下去了。当时，全家老少都不同意，主要因为燕儿年龄小，离家远，大人不放心。可是燕儿的决心很大，告诉她爸爸妈妈，“你们放心吧，我到深圳后一定会干出个样子来，绝不给赵家丢人。干好了，我接爸爸妈妈到深圳去住，干不好，我就不回来。”就这样，小燕一家人去了深圳。

时光如梭，光阴似箭。一转眼小燕到深圳也快十年了，刚去的时候，他们赤手空拳，日子过得很艰苦。几年下来，生活有了很大的起色。

侄女婿张俊，毕业于湖南大学，学的是经济法专业，高级营销师，现在去了深圳市创维群欣安防科技有限公司，成了南部区市场总监。小燕和他在一个公司，在采购部工作。两人有一个女儿张雨芝，在深圳市福景外国语学校上初一，考试成绩名列全年级前十名，还有很多特长，不仅取得了美术素描 7 级考级证书，还拿到了速写 6 级考试证书。

现在，小燕这个小家庭过得很幸福，在深圳买了房，买了车，还常接她爸爸妈妈到深圳好好玩玩。小燕实现了自己的承诺，这让她的爸爸妈妈很高兴也很放心。

我们家就这么一个侄女，小燕这一家人过得还真美，可大红二红弟兄俩还经常给妹妹寄钱帮助她。

这兄弟俩亲得一个人一样，他们相互帮助，相互鼓励，相互支持，相互关爱，真是一对好兄弟。他们对爷爷奶奶百般孝顺，有好吃的，总是先给爷爷奶奶送去。奶奶最担心的是大红的工作，总说卖点破玩意，怎么能生活呢？爷爷经常教育大红，要勤俭持家啊，要遵纪守法啊，要好好学习啊，要听党的话啊！

小侄一家人

排行老三的侄儿赵晓琼是我二哥的独苗，学习特别好，不愧是大学生家培养出来的孩子。

赵晓琼小名叫臭。我不知道他爸爸妈妈为什么给起这么个小名，我想是我二嫂亲得过度了，不知道该叫什么好，就叫了个臭。臭的反义词就是香啊，真有意思。

1999 年臭由山西大学附中考入四川大学生物工程专业，几年后取得生物工程技术和国际经济与贸易双学士学位。2005 年又考入浙江大学计算机学院硕士研究生，2007 年毕业就职。2012 年考上浙江大学计算机博士研究生，现在在杭州网新恒天工作，任助理副总裁，还是项目经理、客户经理、高级顾问。

臭的老婆李盼也特别优秀，考大学时还是辽宁省的状元呢。她是清华大学计算机高才生，大学毕业后考上浙江大学计算机硕士生，现在杭州市道富中国工作，任项目部经理高级质量保证工程师。

他们有个两岁多的男孩，像爸爸一样很聪明。二哥二嫂退休后，全身心地投入到孙子身上，怪不得二哥能体会到养孙才知父母恩的深刻道理。因为，他们的儿子是我爸爸妈妈养大的，到了他们照看孙子的时候，就知道了爸爸妈妈的艰辛。臭在美丽的杭州落户了，有了房子和车。我二哥二嫂为了儿孙，基本全年都在杭州。

小臭和盼盼把精力全部放在工作上，得到了领导的一致好评，他们俩是赵家学历最高的人，五口人生活得很快乐。

外甥女一家人

外甥女马逸飞，一米六八的个头，圆圆的脸，大大的眼睛，性格豪爽，热情大方。她有一个毛病，酷爱学习，不爱上班。她本科毕业后，我就劝她：飞飞，你要赶快找工作上班，早一点进入社会对你有好处，大学专业知识可以毕业，但社会大学是永远毕业不了的。

社会大学是一个学之不尽，用之不完的智慧道场。但是飞飞不听，她告诉我：大姨，我就是想上学，我不想上班。飞飞在我们家是我唯一的外甥女，飞飞他们家三代单传，爸爸马靖宇就爱学习，自学日语，公考被日本选上国际交流的学生，他走到哪学到哪，书不离身，人不离书。他不但是书法家，二胡拉得也很优秀，在他的影响下，飞飞的字在八岁的时候就获得大奖。

飞飞很讨人喜爱，我非常爱她，就像自己的亲闺女一样，她也经常向我撒娇，我的衣服只要她喜欢就会问我要。“大姨，这件衣服我穿上好。”我就给了她穿，只要飞飞开口要，我就会给她。

2013年10月30日，飞飞要结婚了，这让我很开心！她的对象在银行工作，叫张人杰。人长得白白的，戴一副眼镜，像个文人。她的公公在省直机关工作，是个很热情的人，她的婆婆在医院工作，一看就是个比较善良淳朴的人。看得出来他们很疼爱这个儿子，捧在手里怕掉了，含在嘴里怕化了。他们俩都是独生子女，都是家里娇惯出来的。可是飞飞、人杰一个爱说爱道、一个默默无闻，一个外向型，一个内向型，两人相处得还不错，他们俩正在度蜜月。俗话说：男大当婚，女大当嫁。不过，出嫁的那天，飞飞她妈、我的小妹妹还是忍不住哭了，什么也比不上离娘的时候心疼。不过，外甥女飞飞他们过得好，才是爸爸妈妈最放心的大事。

我做大姨的也相信，飞飞的婆家是个好人家，外甥女婿是个好丈夫，飞飞一定能做个好媳妇，他们这一家人一定会生活得很好。

平安，幸福

一个热爱家庭的家族，一个勤奋过日子的家族，这就是赵氏家族。

我们家来自河北黄骅一个贫穷的小村庄，祖祖辈辈靠种地为生，过着极其平凡的日子，祖祖辈辈不求名、不求利，只求平安和幸福。

爸爸赵静远传承了他爹娘的风格，只要能养活家里老小，只要全家人有口饭吃，他什么苦都可以受。他为了儿女能健康成长，从来就省吃俭用，豁出命来工作在第一线，四次休克在工作岗位上。因无钱治病，曾痛失过四个孩子。因为赶上新中国，才保住我们这四个孩子的性命。他不会高谈阔论，只会默默无闻，他不会谈天说地，只会脚踏实地。

而妈妈为了我们，吃糠咽菜，勤奋干活，勤俭持家，把自己的一切奉献给赵家，从无怨言，为我们留下大爱的慈悲精神。

大哥继承了赵家平安度日、追求幸福的精神，为赵家培养了三个有出息的孩子，他一生勤勤恳恳，任劳任怨，兢兢业业，为赵家的后继有人做着不懈的努力。

二哥赵光宇也延续了赵家的精神血脉，为赵家培养了一个有出息的硕士生，双学位博士，他两岁的孙子已经会背50首唐诗。

我和妹妹虽然出嫁了，但我们流淌着赵家的血脉，我们的三个子女又有了五个孩子，他们都幸福地成长着。

赵家大大小小里里外外总共有三十二口人，他们在不同的行业里，不同的岗位上，却干着相同的一件事，就是传承赵家精神。赵家追求的是平安幸福，团圆快乐，几十个人一个大家族，都很努力，于是孩子们由于家族团结，不缺吃不缺喝，都活得很快乐。

赵氏家族渴望平安，追求幸福，不为名，不为利，都很勤奋，都很努力，所以获得了很多荣誉。爸爸参加过1952年10月1日国庆大典，登上了雄伟的天安门观礼台。妈妈获过太原市“优抚模范”，市长岳维潘亲自给颁奖。我获得了中国最高荣誉“全国劳动模范”、“全国三八红旗手”、“全国优秀企业家”，参加过世界妇女大会，参加过中国最高规格的会议——全国十五次党代表大会，参与过奥运会，当选了太原市第五棒火炬手。我女儿孙嫪真妮也当过太原市劳动模范，儿子孙翘也荣获了山西省财贸五一劳动奖章，并现场见证了我国嫦娥探测器的火箭发射。赵家的其他孩子都是三好学生。赵家人都很简单，很平常，但都很勤奋，很努力，于是获得了社会的厚报，这就是追求平安和幸福的家族精神带来的结果，从而使赵家显示出兴旺发达的气象。我相信，我天堂里的爸爸妈妈，肯定希望赵家的子孙能把赵家精神传承下去，而我写这些也是与很多朋友作个交流，给大家个启示。习近平总书记说：“人民对美好生活的向往，就是我们的奋斗目标。”而我们每个人也应该这样。我相信，这一定是全国人民的期待。

后记

2014年是我的父母双亲百年诞辰之日，三年前，我就有个想法，出一本“感谢父母”的书，以此来寄托我的哀思，可总是静不下心来写，也感觉时间还早还不着急。可是时间飞逝，不知不觉就快到2014年了，我这才挤时间开始写，让我感觉最好的写作时间就是在飞机上，候机楼，夜深人静的时候。爸爸妈妈曾经的身影像电影一样不停地在我的脑海里浮现出来，一个故事一个故事就这样像流水一样流淌出来，我也就随着它的流淌不停地记录下来，不知不觉写了一百多个篇章，越写也越觉得自己是个不孝之子，越写也越觉得内心的不安，这样书名也随着我从《感谢父母》到《爱的传递》《天大地大》到《不安》，随着时间的推移我把内心的不安写了出来，并产生了一种从未有过的兴奋与激动，我的心开始慢慢地安定下来，这可能也是内心释放的一种方法吧。

“树欲静而风不止，子欲养而亲不在。”到现在我才真正理解和体验到这句话深刻的含义，真是设计什么都不如设计自己的经历，唯有自己经历了，才能明白它的道理，只有自己体验了，才能懂得这深奥的含义。

我是多么希望年轻人能从老人身上学到一些珍贵的哲理，世上没有近路可走，不走弯路就是捷径。我是多么希望我的儿女们能明白珍惜自己当下所拥有的一切，活在当下，珍惜当下，这才是最最宝贵的财富。另外，我也可以自豪地安慰我的在天父母，在你们百年诞辰之日，儿女为二老又做了一件小事，尽了自己一点微不足道的薄力，二老放心吧，我们会延着你们的足迹脚踏实地地走下去，直到尽头。

《不安》的书即将出版，在我高兴之余，我要感谢对给予我帮助的很多贵人，王春林、张晋康、刘庆临、秦辰生、杭海路、孙茜、张小玉、陈俊飞、于晋生以及臣功的工作人员以及双合成的工作人员王燕平、董昱等，是他们的无私付出和辛勤劳动才能有了今天的结果，值得说明的是，书中有提到的人和事如有不妥之处，请给予谅解。